Compact
コンパクト版 保育者養成シリーズ

谷田貝公昭・石橋哲成 [監修]
石橋哲成 [編著]

新版 教育原理

一藝社

監修のことば

　本「保育者養成シリーズ」(全21巻)は、厚生労働省から出ている「教科目の教授内容」(「指定保育士養成施設の教授担当者が教授に当たる際の参考とすること」)に準拠したものである。

　2012年から刊行を開始し、2015年に全巻の完成をみた。おかげさまで、全国の保育士養成の大学・短期大学・専門学校等でテキストとして使われ好評をいただいてきた。

　ところが、2017(平成29)年に、「幼稚園教育要領」「保育所保育指針」「幼保連携型認定こども園教育・保育要領」の改訂(改定)がそろって告示され、2018年4月より施行されることとなった。

　そこで、各巻の編者と著者に、先の3法令と不具合がないかどうか、検討作業をお願いした。不具合のあるものについては、書き改めてもらった。

　よく「教育は結局人にある」といわれる。この場合の人とは、教育を受ける人(被教育者)を指すのではなく、教育をする人(教育者)を意味している。すなわち、教育者のいかんによって、その効果が左右されるという趣旨である。そこで、教育を保育に置き換えると、「保育は結局人にある」となり、十分通用するといえる。

　保育学とか教育学とかは、ある意味において、保育者論、教師論であったといってよい。それは、保育・教育を論ずるとき、どうしても保育・教育を行う人、すなわち保育者・教師を論じないわけにはいかないからである。

今も昔も、保育の成否が保育者の良否に係っているといってよい。昔と比べて、保育制度が充実し、施設設備が整備され、優れた教材・教具が開発された今日においても、保育者の重要性に変わりはない。なぜなら、施設等がいかに優れたものであっても、保育者の取り扱い方いかんによっては、無益どころか、誤らせることも起こり得るからである。

　保育者の仕事は、本質的な意味においては、小学校以上の学校の教師と異なるものではない。しかし、対象である被教育者の発達的特質、すなわち、未成熟であるということと、それに伴う発達の可能性が大であるということからくる点に特徴がある。したがって、保育の方法や保育の内容などでも、小学校以上の方法や問答とはかなり異なったものがあるのである。

　したがって、保育者は、乳幼児期の発達上の諸課題とそれを実現させるための諸条件、そして、その働きかけのさまざまな方法を認識していなければならない。そうした面で、本シリーズを役立てていただければ幸いである。

2018年3月吉日

　　　　　　　　　　　　　　　　　　　監修者　谷田貝公昭
　　　　　　　　　　　　　　　　　　　　　　　石橋 哲成

まえがき

　「木を見て森を見ず」という言葉があります。部分だけを見て、その部分が属する全体を見ないことに対する戒めの言葉です。保育者養成機関なのに何故に「教育の原理」についての授業があるのか、疑問に思われている方もあるかもしれませんが、それは、「保育」という「木」を見るのと同時に、「教育」という「森」もきちんと見てほしいからです。

　「保育」は一般的には、0歳から6歳までの子どもを対象とした営みですが、現在では、「保育」という言葉は、「幼児教育」や「就学前教育」とほぼ同じ意味に使われています。「保育」や「幼児教育」は、「人間の教育」という大きな全体の一部と見ることができますし、「教育とは何か」という問題をきちんと捉えることによって、保育や幼児教育の正しい理解も可能になると思われます。

　もちろん本書でも、幼児教育を完全に離れて教育を見るのではなく、幼児教育に足場を置いて、さらに言えば、絶えず幼児教育を意識しながら教育の原理を見てみようとしています。読者もまた、自分の専門に身を置きながら、教育の姿を見渡していただけたらと思います。言うまでもなく、本書は、幼児教育者養成機関で使用されるテキストという前提で、厚生労働省が示した講義概要を反映させる構成になっています。

　幼児教育であれ初等教育であれ、教育の対象が子どもであることには変わりはありません。子どもとは何か？　教育とは何か？　さらには、人々は時代の流れの中で、教育をどのように捉えてきたのか、その教育がうまくいくために、人はどのような教育制度を作ったのか等々、教育に対する問いは止めどなく出てきます。絶えず問題意識を持って、さらに前進し続ける保育者であっていただきたいと思います。

ドイツの教員養成所の所長であったディースターヴェーク（Friedrich Adolph W. Diesterweg, 1790～1866）は、その著『ドイツ教師のための指針』において、「教師は自分が教育の成果をどこまで人格化しているかという程度においてのみ、他人に対しても教育的な働きかけが出来る」と書いています。小原國芳（1887～1977）はこの言葉を端的に、「進みつつある教師のみ、他人を教うる権利あり」と表現しています。保育者自身が学び続ける意味を、端的に言い表しているように思われます。

　本書は、幼児教育者養成機関で保育職を志す人々を第一の対象としていますが、現場の幼児教育者にもぜひ読んでいただきたいと思います。本書が、幼い子どもたちと関わる方々の教育的なものの見方・考え方が深まる一助となれば、これに勝る喜びはありません。

　なお、本書の各章を分担執筆してくださったのは、全国の大学や短期大学で幼児教育者養成に携わっておられる先生方です。ご多忙の中、本書の執筆にご協力くださった先生方に心よりお礼を申し上げます。

　2018年3月

編著者　石橋　哲成

もくじ

監修のことば 2
まえがき 4

第1章　教育とは何か
　第1節　人間と教育 9
　第2節　教育の意味と教育の作用 15

第2章　教育の目的
　第1節　「教育の目的」を学び、考えることの意義 20
　第2節　現代日本における「教育の目的」 21
　第3節　学校教育の目的と目標 24

第3章　人間の成長・発達
　第1節　子どもの発達と環境 29
　第2節　発達の基本的概念 33
　第3節　子どもの発達と人間形成 36

第4章　子ども観と教育
　第1節　家族の中の子ども 39
　第2節　家族観と子ども観の関わり 42

第5章　教育的関係
　第1節　教師とは何か 48
　第2節　教室における教師と子どもの関わり 51

第6章　教育内容と教育評価
　第1節　教育内容とは 56
　第2節　カリキュラム（教育課程）の2つのタイプ 58

第 3 節　教育計画　60
第 4 節　教育評価　63

第 7 章　教育の方法

第 1 節　教育方法の原理　66
第 2 節　教育方法の基本的立場　67
第 3 節　教育方法の歴史　69
第 4 節　教育方法の種類　74

第 8 章　日本の教育制度

第 1 節　教育制度の基本原理　78
第 2 節　今後の教育制度の課題　82

第 9 章　世界の教育制度

第 1 節　アメリカの教育制度　87
第 2 節　ドイツの教育制度　91

第 10 章　日本の教育の流れ

第 1 節　古代・中世の教育　97
第 2 節　近世の教育　98
第 3 節　近代の教育　99
第 4 節　現代の教育　102

第 11 章　西洋の教育の流れ

第 1 節　古代教育の流れ　106
第 2 節　中世の教育　108
第 3 節　近代の教育　112
第 4 節　現代の教育　114

第 12 章　教育法規と教育行政

第 1 節　教育法規の体系　116
第 2 節　教育基本法　119
第 3 節　教育行政　121

第13章　教育の場所

　第1節　家　庭　*125*
　第2節　自　然　*128*
　第3節　地　域　*130*
　第4節　学　校　*131*

第14章　生涯教育と生涯学習

　第1節　生涯教育から生涯学習へ　*135*
　第2節　生涯学習とさまざまな教育　*138*
　第3節　生涯学習の実践　*140*

第15章　教育と現代の課題

　第1節　教育の国際化　*145*
　第2節　障害のある子どもの教育　*149*
　第3節　教育・保育における現代の課題　*151*

監修者・編著者紹介　*155*
執筆者紹介　*156*

第1章　教育とは何か

第1節　人間と教育

「人間は、教育されねばならない唯一の被造物である("Der Mensch ist das einzige Geschöpf, das erzogen werden muß")」とは、哲学者カント（Kant, Immanuel 1724〜1804）が、その著『教育学講義』において述べている言葉である。本当に人間だけが教育されねばならない存在なのであろうか。人間以外の動物には、教育はないのであろうか。この節では、動物との比較を試みながら、人間と教育との関わりについて見ていくことにしたい。

1　動物と学習・馴致

人間ももちろん動物の仲間ではあるが、ここでは人間以外の動物に限定して見ていくことにしよう。生まれたばかりの動物が、親やその集団から離されて育つと、その動物本来の機能が働かなくなってしまうという。それは、親やその集団から離されて育ったために、親や周りの大人たちの行動を見ることがなく、学ぶ（＝まねぶ＝模倣する）ことができなかったからだと言われている。

鳥たちにしても、その集団の中で育っておればこそ、本能に従って巣を作るのであり、親による教育の有無で巣を作ったり、作らなかったりするわけではない。いわんや、教育があれば、鳥たちは2階建ての巣を作るということもあり得ない。鳥たちは世代が変わっても、同じ巣作りの営みを繰り返すだけである。このような本能的な営みの中で慣らされ

る行為は、教育ではなく、馴致(じゅんち)と呼ばれる。

　上野動物園の園長であった増井光子によれば、動物園で育ったチンパンジーやゴリラの親は、ほとんど育児をしないという。なぜかというと、育児を学習する場がないからだそうである。動物園に来るチンパンジーたちは、まだ２歳くらいの親がかりのうちから連れて来られて、人間とのつきあいの中だけで大きくなるため、半分、自分は人間ではないかというような感情で大人になってしまうらしい。そうすると、不幸なことであるが、大人になっても、まず、雄は交尾ができないという。生殖行動は本能的なものであると思われているが、増井によれば、学習の要素が非常に大きいそうである。衝動はあるのだが、その衝動をきちんと開発して正確な行動をとらせるためには、集団の中での学習が必要だという。私どもは簡単に、動物は本能によって生きていると解しているが、動物の社会にも「学習(まなび)」が必要なのである。

2　哺乳動物における就巣性と離巣性

　動物もただ本能の赴くままに生きているのではなく、そこには学習があってこそ、本能を正しく開発し、正確な行動へ導いていくことが分かった。それでは、人間の場合はどうなのであろうか。同じ哺乳動物でありながらも、人間の子どもが他の動物の子どもと違うということを明確に教えてくれたのは、動物学者のポルトマン（Portmann, Adolf 1897～1982）であった。

　ポルトマンは、その著『人間はどこまで動物か』（原題は『人間に関する生物学的断章』）において、哺乳類をその誕生の状態から、「就巣性」と「離巣性」の動物に分けている。就巣性の動物とは、あまり特殊化していない体の構造を有するもので、妊娠期間が短く、１回に生まれる子どもの数も多く、よって、生まれた時の子どもの状態は頼りなく、能なしの状態であり、生まれてしばらくは、自分の力だけでは歩くことができないばかりか、感覚器官も未発達で、親の保護が殊に必要な動物をい

う。ネズミやウサギ等が代表として挙げられるが、早期の誕生に備えて、眼や耳が深く閉じられているネコやイヌも、これに属すると見ていいであろう。概して下等な組織体制を有する動物と言える。

　他方、離巣性の動物とは、概して妊娠期間が長く、1回で生まれる子どもの数は少なく、よって、新生児ははるかに発育を遂げ、その姿や挙動はその親とすでにたいへんよく似ており、生まれてまもなく巣を離れる動物のことを言う。ゾウ、ウシ、ウマ、類人猿等がこれに属し、生まれてしばらくすると立ち上がり、すぐ仲間の後を追いかけていくし、眼も見えるのである。こちらは高等な組織体制を有した動物と言える。脳について言えば、高等な組織体制を有する動物の場合は、行動をつかさどる脳が、生まれたときにほとんど成熟しているのである。

　人間の場合は、高等な組織体制を有した動物と言えようが、私どもがよく知っているように、決して離巣性ではない。では、人間についてはどのように考えたらいいのであろうか。

3　生まれたての人間の子どもの特殊性

　ポルトマンによれば、人間は生後1歳になって初めて、真の哺乳類（高等な組織体制を有する動物）が生まれた時に実現している発育状態にたどり着くのであり、人間の赤ん坊がサルの赤ん坊並みに成熟して生まれるためには、十月十日ではとても足りないのである。このように、人間の正常な出産が早産の状態であることから、ポルトマンは人間の誕生時の状態を「生理的早産」と呼んだのである。人間の子どもははるかに早い時期に、未成熟な段階で母親の胎内を離れて「世に出される」わけである。それだけ人間は、生まれた時点から親の保護を必要とするし、その後の育て方しだいでどうにでもなりうる可能性を多く有しているとも言えるのである。

　もしも人間が高等な組織体制を有する哺乳類だとしたら、実際に「巣立つもの」にまで生育するために、母親の胎内で過ごさなければならな

いはずのこの時期を、ポルトマンは「子宮外の幼少期」と呼び、この時期は、特に次の3つの重要な出来事によって特徴づけられるとしている。それは、直立姿勢をとること、本当の言葉の習得、そして技術的な思考と行動の領域へ立ち入ることである。

　しかしさらに重要なことは、この子宮外の最初の時期に、全く一般的などんな人間の子どもにも当てはまる発達過程の他に、1回きりの、二度と繰り返せない、歴史的な「出来事」も無数に起こるとしていることである。他の哺乳類の動物が、まだ暗い母親の胎内で純粋に自然法則の下でのみ発育しているはずのこの時期に、人間の子どもは、同時に歴史的法則の下に立っているのである。ポルトマンによれば、この時期の人間の発達過程には、新しい運動を試しにやってみようとする自発的な衝動の他に、社会環境が示してくれる行動の仕方を模倣する重要な意味も同時にあるのである。それでは、もし人の子が幼いうちに人間の社会から連れ出され、人間の社会への同化がなされなかったらどうなるのであろうか。

4　オオカミに育てられた人間の子ども

　ここで思い出されるのは、幼い時にオオカミにさらわれた人の子が、後年見いだされたときは、四足で歩行し、その習性は全く狼と変わらなかったと言われ、人間に復原すべく努力が重ねられたが、遂に完全な人間に復原することができないまま夭折してしまったという報告である。1920年のことであるから、まだそんなに昔のことではない。

　この報告は、ゲゼル（Gesell, Arnord 1880〜1961）によって『狼にそだてられた子』（原題は『狼の子と人間の子』="Wolf child and human child"）と題して、一冊の本にまとめられている。

　後にカマラとアマラと名付けられた2人の少女がオオカミの洞穴から救い出されたのは、インドのカルカッタの近くの森においてであった。当時カマラは8歳くらい、小さい方のアマラは1歳半くらい、共に生後

1年もたたぬうちにオオカミにさらわれた、と推定された。洞穴から救い出される時、救護隊が行くと、この少女たちはオオカミの子たちといっしょに洞穴の片隅に逃げ込み、ひとかたまりになってしがみついていたかと思うと、顔をこわばらせ、歯をむいて、次には救護隊を目がけて突進したそうである。この幼女たちが、幼児期に完全に人間との接触を断たれていたことは、人間と接触することを恐れたこの時の最初の行動からもうかがえることである。

　この2人の少女は、とにもかくにも人間の世界に連れ戻され、シング牧師の経営するミドナプルの孤児院に引き取られたのであるが、オオカミの習慣から抜けきることは難しかったようである。

　人間の言葉は理解できず、話せないばかりか、孤児院の子どもたちが近づこうとすると、よけい恐ろしい顔をして、歯をむき出しにさえしている。彼女らにとっては、人間はまだ警戒すべき存在でしかなく、人間よりもむしろ犬のほうに親しみの様子を見せたのである。このように基本的な行動様式や習慣、人間との関係に至るまで、およそ人間らしさはほとんど見られなかったのである。いわば、人間の姿をしたオオカミなのであった。

5　オオカミの子どもから人間の子どもへ

　生まれてからほとんど一度もやったことのない新しい行動様式を、遅まきながら取り入れなければならないことは、少女たちにとっては大変なことであった。突如としてそれまで育ててくれていた母狼から引き離され、彼女たちの身体に着物を着せようとする、奇妙な2本足の生き物たちに出会い、騒音や叫び声、まぶしくて目を明けていられない真昼の太陽などが、一度に彼女たちに襲いかかったのである。

　もちろん、人間らしさの発達は遅々としたものではあったが、時がたつにつれてオオカミのような行動に戻ることはごくまれとなり、孤児院に入って6年後の1926年には、初めて誰にも助けられないで、2本の足

で歩いている。2本の足で歩いたその次の年には、内面的にもかなり人間的なものが現れ始めたのである。以前よりは人づきあいも良くなり、積極的に交流を望むようになり、褒められると喜ぶようになったのである。また孤児院に入った当初の数カ月間は、着物を着るのを嫌って、よほどしっかり縫い付けておかないと引き裂いて脱いでしまったのが、この頃になると、散歩に行くときには、いつも他の子どもたちと同じように、ちゃんと着物を着なければ承知しないようになっている。また恥ずかしがって顔を赤らめるようになり、着物に対しても、以前なかった新たな興味を示したのであった。

　他人との交流を望み、褒められると喜び、恥じらいを示すようになったということは、カマラが内面的にも十分に人間としての成長をたどっているということを示していると言えるであろう。

6　教育的存在としての人間

　我々はこのあたりで、今まで見てきたことをまとめてみることにしよう。まず、我々はポルトマンの観察と考察とによって、人間は高等動物としては例外的に、無能力の状態で生まれてくるということを見た。つまり人間の子どもは、生まれてくるや全面的に保護されなくては、その生存も不可能だということであった。さらに重要なことは、人間の子どもには「子宮外の幼少期」と呼ばれる時期があり、その保護は人間によらねば人間になりえない、ということであった。

　それを実証するかのように、我々は次に、不幸にもオオカミに育てられた子どもの例を見た。カマラに見られる動物性の発達は、人間は生まれながらに人間なのではなく、人間の本性には、外部からの影響によって適当に変化する性質のあることを示したのである。しかしまた、人間の社会に連れ戻されたカマラは、本来人間的なものがあったからこそ、遅々としてはいたが、人間に戻っていったのであった。

　人間は生まれながらに人間なのではなく、人間の保護・教育によって

人間になっていくのであり、しかもその保護・教育は、人間の社会の中で、人間によってなされて初めて人間になる、ということが明らかになったわけである。

　オランダの教育学者ランゲフェルト（Langeveld, Martinus Jan 1906～1989）が、人間は「教育されうる動物」（animal educabile）だと言っているが、教育されうる可能性は、身体の面はともかくとして、人間の赤ん坊が将来への育て方、教育の仕方いかんによって、どんなにでもなりうる未熟な状態で生まれてくることにあるわけである。このように、人間の赤ん坊は教育されうる可能性を持っていることから、ランゲフェルトによれば、人間は「教育されねばならない動物」（animal educandum）ということになる。つまり、人間は「教育的存在」と言えるのである。すでに生物的存在としての「ヒト」の子ではあるが、まだ「人間」でない人の子を、社会的存在としての「人間」に育て上げることこそ、教育なのである。

第2節　教育の意味と教育の作用

　我々は「教育」という言葉を十分に吟味することなく、人間の大人が子どもに関わり合い、ヒトを人間たらしめる営みを、とりあえず「教育」と呼んでみた。我々の日常生活を見ても、「教育」という言葉は、意外と曖昧なまま使われているようである。そもそも「教育」にはどのような意味があり、教育とはいったいどうすることなのであろうか。

1　「教育」という言葉の初出

　「教育」という言葉が初めて活字として書き記されたのは、『孟子』の「三楽の章」においてであった。ここで言う「楽」とは、楽しみというより、幸せということであろう。そこには次のように書かれている。分かりやすいように読み下し文で記せば、「孟子曰く、君子に三楽あり。

而して天下に王たるは、あずかり存せず。父母倶に存し、兄弟故無きは、一の楽しみなり。仰いで天に恥じず、俯して人に恥じざるは、二の楽しみなり。天下の英才を得て、これを教育するは、三の楽しみなり……」ということになる。「りっぱな人間には、3つの幸せがある。天下を治めて王になることではない。両親が元気で、兄弟姉妹に心配のないことが第1の幸せである。自分の行いが正しく、天に対しても、世間に対しても恥じることのないこと、これが第2の幸せである。天下の英才を門人として、りっぱな人物に育て上げること、これが第3の幸せである……」ということになろうか。ここでは、教育とは何かについて特別な定義はしていないが、これが漢語の文献に出てきた最初ということになる。

2　漢字、日本語に見る「教育」の意味

それでは、「教育」という漢字には本来どのような意味が含まれているのであろうか。「教育」という熟語は、見てのとおり「教」と「育」とから成り立っている。藤堂明保編の『学研漢和大字典』によれば、「教」という字は、「攴」(棒を手に持ってぽんとたたくさま)と「爻」(まじえる)、さらに「𡥉」=「子」を加えた合字だという。つまり、「敎」=「教」となったのである。よって「教」は、「子どもに対して、知識の受け渡し、つまり交流を行うこと」を強いるという意味になる。次に「育」という字であるが、これは、子が頭を下に生まれてくることから、子を逆さにした「𠫓」=「去」と、肉を意味する「月」との合字だという。「育」は、自動詞として用いるときは、子どもが大きくなるという意味で「育つ」であり、他動詞として用いられるときは、親が子どもを産み、「肉づきよく成長させる」ことの意味で「育てる」となる。

では、日本では、「教」と「育」は、どのような意味として使われてきたのであろうか。「教」は「をしえる」であり、相手の「知らざることを告げ覚らす」ことである。ところで、「教」の訓読みである「おしう」は、大槻文彦著『新編大言海』によれば、「愛(をし)むト通ズ」と

あって、元来「愛」を意味したという。日本人にとって教育とは、「愛し育てること」「愛され育つこと」でもあったのである。その「育」の訓読みである「そだつ」であるが、これは、語源的には「すだつ（＝巣立）」より転じたもので、鳥のヒナが成長して巣離れしていくことを意味したという。ところで「育」は「そだつ」と併せて、「はぐくむ」とも読む。「はぐくむ」は「羽含（はふく）む」より転じたもので、親鳥が柔らかい羽毛に卵を大事に包んでヒナへとかえすさまからそのように呼ぶようになった、とも言われている。

3　ギリシャ語、英語、ドイツ語に見る「教育」の意味

　西洋では、すでに古代ギリシャにおいて、「教育」に当たる言葉として「パイデイア」（παιδείᾱ＝paideia）が使用されていた。それは「子ども」を意味する「パイドス」（παιδόζ＝paidos）に由来している。教育とは、子どもに働きかけ、子どもを導くという作用がこめられていたのである。英語の「教育学」をpedagogyと呼ぶようになったのも、ここに由来している。

　ところで、英語では「教育」のことをeducationと書くのが普通である。これはラテン語のeducareに由来している。e（＝ex）は「外へ」、ducare（引く）の意味であるから、educationは「引き出す」「導き出す」という意味がある。では、teachingとの関係はどうなのであろうか。teachingはまさに「教えること」である。とすれば、teachingは正確には「教育」の「教」に当たり、educationは、「育」に近いように思われる。我々は「教育」といえば、すぐに"education"と訳しているが、本来は、"teaching and education"と訳すべきかもしれない。

　これはドイツ語の場合にも言えることであり、「教育」といえば、すぐ"Erziehung"と訳してしまっているが、この単語もeducationと同じである。er（外へ）とziehen（引く）の合成語であって、「引き出す」の意味であり、「育」の意味が強い。ドイツ語には、外から働きかける単語

としてBildung（陶冶、形成）があり、「教育」をドイツ語訳するならば、"Bildung und Erziehung"としたほうが、より正確になろう。

4 教育における「伝達作用」と「助成作用」

ドイツの教育学者ボルノー（Bollnow, Otto Friedrich 1903〜1991）が、ドイツでは教育を考えるときのモデルとして、「物の製作」と「植物の培養」の2つがあったことを紹介している。物の製作は、例えば芸術家が粘土で作品を作っていく過程で見られるように、無の状態から有の状態へと仕上げていく。言うならば、外からの働きかけが中心となる。これを「技術論的」教育観と呼んでいる。後者の植物の培養の場合は、園芸家が花弁や葉っぱを製作するのではなく、本来植物の種が有している可能性を外から手助けするだけである。つまり、内からの成長を、人は、環境を整え栄養分を注いで、内からの成長を援助するだけなのである。これを「有機体論的」教育観と呼んでいる。

ボルノーは人間の子どもに対する教育にも、このような2つの教育作用がモデルとしてあったことを示唆している。子どもの知らざることを外から教えることは、まさに知識の「無」の状態から「有」の状態にしていくことになり、これは伝達作用と言えよう。他方、子どもの有している能力を認め、それを存分に発揮させていく成長の手助けは、助成作用と言えるであろう。

伝達作用が中心の教育は、大人、教師中心の教育となり、過ぎれば「詰め込み」教育になるし、助成作用と言って、子どもの主体性のみを強調して大人や教師の関わりがなければ、放任の状態になってしまう。大人や教師が、どのように知識や技能を伝達し、どのように助成していくのか、そしてその子ならではの能力をいかにしたら十分に発揮させることができるか、教育者の指導に期待されるものは大きい、と言わねばならない。

【引用・参考文献】

大槻文彦『新編大言海』冨山房、1986年

カント，I.（三井善止訳）『人間学・教育学』玉川大学出版部、1986年

ゲゼル，A.（生月雅子訳）『狼に育てられた子』家政教育社、1975年

田中美知太郎・松平千秋『ギリシャ語入門〔改訂版〕』岩波全書、1962年

寺下明『教育原理』ミネルヴァ書房、2003年

藤堂明保編『学研漢和大字典』学習研究社、1995年

ポルトマン，A.（高木正孝訳）『人間はどこまで動物か』岩波新書、1966年

ボルノウ，O. F.（森昭・岡田渥美 訳）『教育を支えるもの』黎明書房、1971年

増井光子「親と子の"やり取り"の大切さ」『生命尊重ニュース』138号、1996年7月

三井浩『愛の場所 ― 教育哲学序説』玉川大学出版部、1974年

ランゲフェルド，M. J.（岡田渥美・和田修二訳）『教育と人間の省察』玉川大学出版部、1974年

（石橋哲成）

第2章 教育の目的

第1節 「教育の目的」を学び、考えることの意義

1 教育の目的志向性

　教育は、その働きを通して、個人ならびに社会や文化の、よりよい現在と未来を実現しようとするものである。どのような状態を「よりよい」ものと考えるかは、教育を意図し、計画する主体の価値観によるが、それは、教育する主体の立場においては、「何を目指して」「何のために」教育するのかという目的観として意識される。

　わが子を育てる親にしても、地域の中で子どもの育ちに関わる人々にしても、教育的行為の根底には、「こんな人に育ってほしい」「こんな社会をつくりたい」「こんな文化を引き継ぎ、発展させていってほしい」という素朴な願いや目的を持っているだろう。しかし一般に、家庭や地域で行われる教育は意図性・計画性が低いため、親や地域の人々が行う教育は、体系だった目的に基づいた実践であることはまれであろう。

　それに対して、意図的・計画的な実践を通して人間と社会・文化の形成に働きかける教育・保育専門職には、日々の営みを通して何を目指すのか、教育・保育に求められている社会的使命を知ったうえで深く考え、自覚的に目的を意識した実践を展開することが求められる。

2 保育者に求められる教育・保育の目的理解

　例えば、あなたが保育現場で、保護者から「服が汚れるので砂場で遊

ばせないでほしい」「もう少し夜遅くまで保育時間を延長してほしい」等と要請されたら、どのように応答するだろうか。保育者として、少子化の中で高まるわが子の身体的健康への気遣い、過重な労働に耐えつつ子育てする保護者の負担感を受け止め、その思いに共感的理解を示すことは大切である。しかし、なぜ保育に砂遊びを取り入れるのか、また、なぜ保育時間の延長には慎重にならざるを得ないのか、教育・保育専門職として身につけた専門知識や技能を生かして保護者に説明し、理解を求めていかねばならないこともある。その際、訴えへの共感的理解に流されることなく、「何が最も重要か」の判断に基づいて専門知識・技能を発動させ、保育内容や方法、計画の意図について一貫した説明を可能にさせるのは、教育・保育の目的に関する確かな理解と自覚なのである。

　それでは、保育者はそうした目的理解を、いったい何に基づいて得るのであろうか。法律主義に基づく戦後日本の民主主義教育の理念は、教育基本法に明示されている。それゆえに、公教育の担い手である保育者にとって、まず踏まえなければならないのは、教育に関わる憲法とも言われる教育基本法における規定である。

第2節　現代日本における「教育の目的」

1　教育基本法における「教育の目的」

　1947年3月31日に成立・公布された教育基本法は、国民主権、基本的人権の尊重、平和主義を国づくりの柱として掲げる日本国憲法の精神の実現を期して制定された。その前文には、「教育の目的を明示して、新しい日本の教育の基本を確立するため、この法律を制定する」と宣言され、第1条に「教育の目的」が定められた。「教育は、人格の完成をめざし、平和的な国家及び社会の形成者として、真理と正義を愛し、個人

の価値をたっとび、勤労と責任を重んじ、自主的精神に充ちた心身ともに健康な国民の育成を期して行われなければならない」という条文の根底には、教育勅語に基づいて「忠良なる臣民」の育成が目的とされ、悲惨な戦争へと国民を導いた教育への深い反省がある。

　2006年12月22日、その教育基本法が改正された。改正法案の基礎となった中央教育審議会答申（『新しい時代にふさわしい教育基本法と教育振興基本計画の在り方について』）は、旧法制定以降半世紀以上を経過し、

図表1　教育基本法改正の趣旨

教育基本法制定以降約60年間における教育を取り巻く環境の変化

社会
- 科学技術の進歩、情報化、国際化、少子高齢化、核家族
- 価値観の多様化　●社会全体の規範意識の低下 など

家庭
- 教育力の低下
- 育児に不安や悩みを持つ親の増加 など

学校
- いじめ・校内暴力などの問題行動
- 質の高い教員の確保 など

地域社会
- 教育力の低下
- 近隣住民間の連帯感の希薄化
- 地域の安全、安心の確保の必要性 など

子ども
- 基本的生活習慣の乱れ　●学意欲の低下や学力低下傾向
- 体力の低下　●社会性の低下、規範意識の欠如 など

教育基本法の改正

「人格の完成」や「個人の尊厳」など、これまでの教育基本法に掲げられてきた普遍的な理念は大切にしつつ、新しい時代の教育の基本理念を明示。

知・徳・体の調和がとれ、生涯にわたって自己実現を目指す自立した人間

公共の精神を尊び、国家・社会の形成に主体的に参画する国民

我が国の伝統と文化を基盤として国際社会を生きる日本人

出典：文部科学省「新しい教育基本法について」
http://www.mext.go.jp/b_menu/kihon/houan/siryo/07051111/001.pdを基に作成

国内外の社会の大きな変化の中で、教育において重視すべき理念も変化してきていること、新しい時代にふさわしい教育を実現するためには、今日的な視点から教育のあり方を根本にまで遡り、旧法に定める普遍的な理念は大切にしつつも、「変化に対応し、我が国と人類の未来への道を拓く人間の育成のために、今後重視すべき理念」を明確化する必要があることを説明している。

　改正教育基本法の前文ならびに第1章（教育の目的及び理念）において、普遍的な理念として旧法から継承されているのは、「個人の尊厳」、「人格の完成」、「国家及び社会の形成者として必要な資質を備えた心身ともに健康な国民の育成」という、近代市民社会を支える近代教育の基本理念（個人の自律化と社会化）である。それに対して、社会の変化に応じて「今後重視すべき理念」として新たに盛り込まれたのが、「公共の精神」、「豊かな人間性と創造性を備えた人間の育成」、「伝統の継承」（第2条）、「生涯学習」（第3条）といった内容であり、文部科学省は、新たな理念を反映する理想的人間像を提示している（図表1）。

2 「教育の理念」「教育の目的」「教育の目標」

　こうした教育の理念・目的を実現するために「今日重要と考えられる事柄を規定」したものが、教育基本法第2条（教育の目標）である。

　そこに示された事項は図表2のとおりであり、新たに規定された事柄（下線部）が大半を占めている。ここに、「変化に対応し、我が国と人類の未来への道を拓く人間の育成のために今後重視すべき理念」の内容を見ることができる。

　改正教育基本法第1章に示された理念・目的・目標は、さまざまな場で行われ（家庭教育、学校教育、社会教育）、また個人の生涯の各時期に関わって行われる教育（幼児教育、初等教育、中等教育、高等教育等）の全体を通して目指される方向性である。

　教育・保育専門職は、このような大きな法的規定に基づいた学校教育

図表2　教育基本法第2条（教育の目標）に規定された内容

> (1) <u>幅広い知識と教養</u>、真理を求める態度、<u>豊かな情操と道徳心</u>、<u>健やかな身体</u>
> (2) 個人の価値の尊重、<u>能力の伸長</u>、創造性、自主及び<u>自律の精神</u>、<u>職業及び生活との関連</u>、勤労を重んずる態度
> (3) 正義と責任、<u>男女の平等</u>、自他の敬愛と協力、<u>公共の精神</u>、社会の形成への主体的参画、社会発展に寄与する態度
> (4) <u>生命と自然の尊重</u>、<u>環境の保全に寄与する態度</u>
> (5) <u>伝統と文化の尊重</u>、<u>我が国と郷土を愛するとともに</u>、<u>他国を尊重、国際社会の平和と発展に寄与する態度</u>

（下線筆者）

制度の中で、意図的・計画的・組織的な教育を進める役割を担っている。それでは、上に見てきた理念・目的・目標が、各々の学校教育をどのように方向づけ、具体化されていくのかを次に見てみよう。

第3節　学校教育の目的と目標

1　学校教育の目的

　日本の学校教育は、日本国憲法の精神を柱とする国家・社会を支える公教育の理念に基づいた学校教育制度として存在しており、わが国の教育の目的および理念の実現に向けて、意図的・計画的・組織的な教育を進める場として、教育全体の中で大きな役割を担っている。

　教育基本法第6条第2項では、学校教育の目的について「(第2条に示された) 教育の目標が達成されるよう、教育を受ける者の心身の発達に応じて、体系的な教育が組織的に行われなければならない」(カッコ内は筆者挿入) と規定されている。この定めに基づいて、各学校の目的・目標が規定されているのが学校教育法である。

2　各学校の目的とその連続性

　学校教育法（1947年制定、2007年改正）に規定された各学校の目的を整理した**図表3**を見てほしい。幼稚園は「義務教育及びその後の教育の基礎を培う」ことを目指し、「心身の発達を助長する」ことを目的とする

図表3　学校教育法に規定された各学校の目的

学校の種類	目的
幼稚園	第22条　幼稚園は、<u>義務教育及びその後の教育の基礎を培うものとして</u>、幼児を保育し、幼児の健やかな成長のために適当な環境を与えて、その<u>心身の発達を助長する</u>ことを目的とする。
小学校	第29条　小学校は、<u>心身の発達に応じて、義務教育として行われる普通教育のうち基礎的なものを施す</u>ことを目的とする。
中学校	第45条　中学校は、小学校における教育の基礎の上に、<u>心身の発達に応じて、義務教育として行われる普通教育を施す</u>ことを目的とする。
高等学校	第50条　高等学校は、中学校における教育の基礎の上に、<u>心身の発達及び進路に応じて、高度な普通教育及び専門教育を施す</u>ことを目的とする。
中等教育学校	第63条　中等教育学校は、小学校における教育の基礎の上に、<u>心身の発達及び進路に応じて、義務教育として行われる普通教育並びに高度な普通教育及び専門教育を一貫して施す</u>ことを目的とする。
特別支援学校	第72条　特別支援学校は、視覚障害者、聴覚障害者、知的障害者、肢体不自由者又は病弱者（身体虚弱者を含む。以下同じ。）に対して、<u>幼稚園、小学校、中学校又は高等学校に準ずる教育を施すとともに、障害による学習上又は生活上の困難を克服し自立を図るために必要な知識技能を授ける</u>ことを目的とする。
大学	第83条　大学は、学術の中心として、<u>広く知識を授けるとともに、深く専門の学芸を教授研究し、知的、道徳的及び応用的能力を展開させる</u>ことを目的とする。
高等専門学校	第115条　高等専門学校は、<u>深く専門の学芸を教授し、職業に必要な能力を育成する</u>ことを目的とする。

（下線筆者）

図表4 各学校の教育目的の連続性(樹木図)

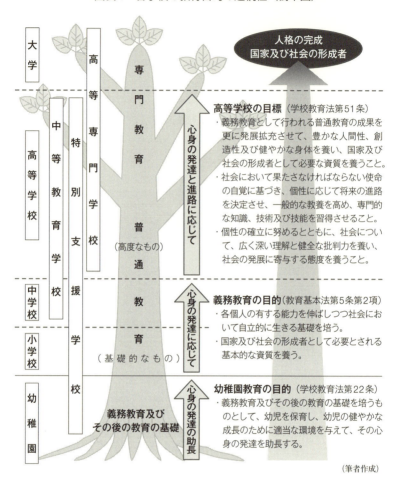

(筆者作成)

教育を行う場所である。その土台の上に、小・中・高にわたる普通教育があり、高等学校以降は専門教育が重要な目的とされている。心身の発達に応じて、幼児教育、普通教育、専門教育という流れで、それぞれの段階の教育目的が体系的・組織的に設定されているのが分かるだろう。そうした各学校の教育目的の連続性は、一本の樹木のイメージで捉えら

れる（**図表4**）。

　根の部分に当たる幼稚園の教育目的は、教育基本法第11条（幼児期の教育）の「幼児期の教育は、生涯にわたる人格形成の基礎を培う」に基づいており、その根を土台として伸びていく幹に当たる「普通教育」の目的・目標の内容は、その大半を担う義務教育の目的・目標を定めた教育基本法第5条第2項（義務教育の目的）ならびに学校教育法第21条（義務教育の目標）によって知ることができる。

　この樹木図は、学校教育制度の連続性をイメージして図示したものであるが、見方を変えると、それはまた一連の学校教育の中で心身を発達させ、幼児教育や普通教育で培われた汎用的能力の根幹の上に専門教育を通して分化する個性的・創造的な枝葉を茂らせていく一人ひとりの人生のイメージ図でもある。その枝葉は、大きな空へと豊かに伸びていくことが期待されているのであるが、その「空」＝今後の社会のあり方とされているのが、「知識基盤社会」である。

3 「知識基盤社会」における「教育の目的」

　「知識基盤社会」とは、知識経済が大きな力を及ぼし、拡大しつつある国際的な状況を踏まえた社会像であるが、そうした社会を生き、その形成者として個性を発揮していける人を育成するために、文部科学省は、改正教育基本法における教育目的・目標を踏まえながら、学校・家庭・地域が連携して教育に取り組むに当たって共有すべき理念として、「生きる力」の育成というスローガンを立てている。

　知識基盤社会を生きる力として必要なのは、もはや、大量生産・流通・消費というシステムで経済・社会が回っていた時代に求められていた、与えられた情報をできるだけ短期間に理解し、再生し、反復する能力ではない。必要なのはむしろ、幅広い知識と柔軟な思考力に基づいて、新しい知や価値を創造する能力、既存社会のさまざまな枠組みにとらわれない、新たな社会を創造する力である。

そうした能力として求められているのが「生きる力」であり、「確かな学力」「豊かな人間性」「健康・体力」の「バランスのとれた力」としてイメージされている。知・徳・体の「調和的発展」という教育目的は、古代ギリシャ以来、繰り返し追求されてきたが、今日それは、個々人に降りかかる社会化の圧力を対象化しつつ、新たな社会秩序を創造していく基礎力として求められていると言えるのではないだろうか。

　生涯にわたる人格形成の基礎、生きる力の基礎を培う乳幼児期の教育を担う教育・保育専門職には、新たな社会の到来を見据えたこうした指針を理解したうえで、目の前の子ども一人ひとりの姿に寄り添いつつ、教育・保育の実践を展開することが求められている。

【引用・参考文献】
　佐々木幸壽・柳瀬 昇『憲法と教育〔第2版〕』学文社、2009年
　中央教育審議会答申「新しい時代にふさわしい教育基本法と教育振興基本
　　　計画の在り方について」2003年
　中央教育審議会答申「教育基本法と教育の在り方について」2006年
　中央教育審議会答申「幼稚園、小学校、中学校、高等学校及び特別支援学
　　　校の学習指導要領等の改善について」2008年
　松下佳代編『〈新しい能力〉は教育を変えるか──学力・リテラシー・コンピ
　　　テンシー』ミネルヴァ書房、2011年

　　　　　　　　　　　　　　　　　　　　　　　　　（榊原志保）

第3章　人間の成長・発達

第1節　子どもの発達と環境

1　誕生時の人間の特徴

　誕生時の人間はどのような特徴を持っているのだろうか。環境や教育の必要性およびその意義を明確にするため、誕生時の人間を動物的見地から探る。

　すでに第1章において見たことであるが、ポルトマン（Portmann, Adolf 1897～1982）は、哺乳動物をネズミや猫のような下等哺乳動物と、馬や牛などの高等哺乳動物に分類して、その違いを述べている。下等哺乳動物は妊娠期間が20～30日程度、1回の出産で約5～20匹の子どもを出産する。誕生時の子どもは未熟で自力で動き回ることができず、一定期間は巣で育てられるため、ポルトマンはこれを「就巣性」と呼んだ。

　一方、高等哺乳動物は妊娠期間が50日以上と長く、1回の出産数も1～2匹と少ない。高等哺乳動物の子どもは、母体内で成熟してから誕生するため、誕生時には自力で動き回ることができる。ポルトマンはこのような発達の特性を「離巣性」と呼んでいる。

　人間は高等哺乳動物であるため、ポルトマンの分類上、離巣性を有していると考えられる。しかし発達の様子は、他の離巣性動物とは大きく異なる。新生児は、自力で歩行することも、自力で食事をすることもできず、他の高等哺乳動物と比べて著しく未熟な状態で生まれる。ポルトマンは、この二次的就巣性を持つ人間の誕生時の特性を「生理的早産」

と呼び、生後1年間の乳児は「子宮外の幼少期」(あるいは「子宮外胎児」)と言われている。

このような生理的早産の特性を持つ生後の1年間は、文化的・社会的に発達する可能性を持っていることを意味しており、そこでの教育的働きかけが重要な役割を果たすことになる。

2 発達を決める要因

成長に伴って、子どもたちは一人ひとり異なる性格や能力を獲得していく。子どもたちがどのような発達をしていくのかを決める要因には、遺伝的要因と環境的要因の2つがあるとされている。

(1) 遺伝説

「遺伝説」とは、生得説、先天説とも呼ばれるもので、発達は遺伝的素質により決められているという説である。

遺伝説の一つゲセル (Gesell, Arnold Lucius 1880〜1961) による「成熟説」は、発達の第一次的要因は環境ではなく、訓練や学習によらない内的な成熟によって決まるという説である。

ゲセルは一卵性双生児による研究から、早期からの訓練や学習は必ずしも有効ではなく、それらを受け入れるための基礎ができていることが必要であり、この準備状態を「レディネス」と呼んだ。そして、このレディネスが学習成立に有効であるとした。

(2) 環境説

「環境説」とは、発達は生まれた後の環境、経験、学習によって決まるという説である。

ワトソン (Watson, John Broadus 1878〜1958) は、環境的要因を操作すれば発達を完全に制御できると主張した。これを「環境優位説」という。

(3) 輻輳説

シュテルン (Stern, William 1871〜1938) が提唱した「輻輳説」は、発達は遺伝的な要因と環境的な要因が相乗作用を発揮するという考え方であ

図表1　ルクセンブルガーの対極説

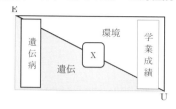

図表2　ジェンセンの環境閾値

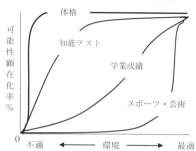

出典（図表1・2）：［改訂・保育士養成講座編集委員会、2011］を基に作成

る。この説では、遺伝と環境はそれぞれ独立しており、この2つが加算されて1つの発達として現れるとしている。この説を図式化したのがルクセンブルガー（Luxenburger, H.）の「対極説」である（**図表1**）。遺伝病のように遺伝的規定性が強ければ、X（特性）はE（遺伝優位）に近づき、学業成績などU（環境優位）に近づく。つまり、全ての特性は遺伝と環境の単純な和で決まるという考え方である。

(4) 相互作用説

近年最も優勢な考え方が「相互作用説」である。遺伝と環境は共に発達に関係するという点は輻輳説と同じだが、輻輳説のように、双方は独立しているという考え方とは異なる。相互作用説は、遺伝と環境はお互いに影響し合って作用する相互的なものと捉えられている。

相互作用説の一つに、ジェンセン（Jensen, Arthur R. 1923〜2012）が唱えた「環境閾値説」（**図表2**）がある。例えば、体格などは生まれ持った特性が大きく影響し、スポーツや芸術特性は特別な訓練を行うことで発達するというものである。つまり環境要因は、一定の水準に達するか否かで、影響するかしないかの境界が存在するということである。

3　人間の初期環境と発達

人間の発達は、生後どのような教育を受けるかで大きく変わるという

考え方がある。

(1) アヴェロンの野生児

1799年、フランスのアヴェロンの森で11～12歳と見られる少年（ヴィクトール）が保護された。少年は人間の姿をしていたものの、動物園の猿のようだったという。医師イタール（Itard, Jarn Marc Gaspard 1774～1838）は、ヴィクトールが一見して知的障害に見えるのは、文明人としての経験が欠けていたからと考え、治療と教育を試みた。しかし、ヴィクトールは正常な社会生活を営むことはできず、推定40歳で死亡した。

(2) アマラとカマラ

1920年、インドでオオカミに育てられたとされる少女2名が発見され、アマラとカマラと名付けられた。発見当時の推定年齢は、アマラが1歳半、カマラが8歳とされている。発見当時は、2人とも両足で立つことも歩くこともできず、食事の際も手を使って食べることができなかった。夜になると活動し、夜中に遠吠えのような声を出すことはあっても、言葉を話すことはできなかった。

アマラは、発見された翌年に死亡したが、カマラは推定17歳まで生存した。カマラは、発見されてからの9年間に手厚い保護と教育を受け、人間らしい生活ができるようになったが、知能水準は17歳当時においても3歳6カ月程度であったと報告されている。

これらの事例は、その信憑性に疑問を唱える意見もあるが、一定期間、文化的・社会的環境から隔離されて育った子どもの発達に関する研究であると考えられる。したがって、これらの事例から、人間が人間らしく発達するためには、周囲の環境や教育が大きな役割を果たすと言えよう。

第2節 発達の基本的概念

1 発達理論と発達課題

発達の段階にはそれぞれ、達成していなければならない一定の課題があり、これを「発達課題」という。ある段階での発達課題の成就は、その段階での社会化を保証すると同時に、次の課題達成の基礎となる。

(1) ハヴィガーストの発達理論と発達課題

ハヴィガースト（Havighurst, Robert James 1900～1991）は、個人が健全な発達を遂げるために、発達のそれぞれの時期で果たさなければならない発達課題があるとした（図表3）。

発達課題とは、人生のそれぞれの時期に生ずる課題で、各課題には「適時性」があると説いている。つまり、教育を受けるとき、子どもがその内容を学習し受け入れる準備ができており、その内容に対する興味・関心があれば、結果が得られるということである。

図表3　ハヴィガーストの発達課題

乳幼児期の発達課題
1　歩行を学ぶ
2　固形食を食べることを学ぶ
3　言葉を話すことを学ぶ
4　排泄をコントロールすることを学ぶ
5　性差を知り、性に対する慎みを学ぶ
6　社会や物事について単純な概念を形成する
7　読むための準備をする
8　善悪の区別を学び、良心を発達させ始める

出典：［桜井、2008］を基に作成

図表4　エリクソンの発達課題

ライフサイクル	発達課題	心理社会学的危機
乳児期	基本的信頼	不信
幼児前期	自律性	恥・疑惑
幼児後期	自発性	罪悪感
児童期	勤勉性	劣等感
青年期	自我同一性	同一性拡散
青年前期	親密性	孤立
成年後期	生殖性	停滞
老年期	統合性	絶望

出典：［改訂・保育士養成講座編集委員会、2011］を基に作成

(2) エリクソンの発達理論と発達課題

エリクソン（Erikson, Erik Homburger 1902～1994）は、人間の生涯を8つの発達段階に区分し、人間は生涯にわたって連続して発達していくものとした。そして、それぞれの段階には発達課題があり、その課題を達成できなかった場合はストレス状態、人格形成の未熟状態に陥り、これを心理社会的危機とした（**図表4**）。また、各発達時期とその前後の時期との関連性を重視し、ある段階に発達するかどうかは、その前の段階での発達がどうであったかに強く影響されるとしている。

(3) ピアジェの認知発達理論

ピアジェ（Piaget, Jean 1896～1980）は、子どもの思考・知識はどのように変化するのかを研究し、全ての子どもに共通する普遍的発達段階を見いだした。そして、子どもは外的環境と相互作用しながら新しい認知構造をつくり上げていくとした。ピアジェは、人間の知能を大きく感覚運動知能と表象的知能に分け、思考の発達段階を**図表5**のように4つに分類した。表中に示した1は感覚運動知能の段階、2・3・4は表象的知能の段階に分類される。

図表5 ピアジェの認知発達段階図

思考の発達段階	おおよその年齢	内容
1 感覚運動期	0〜2歳	感覚と運動の協応により学習する段階。下界の刺激を取り入れながら身の回りのものについて学習する。
2 前操作期	2〜7歳	見た目や直感に基づいて思考する段階。表象化や概念化は発達するが、量や重さの判断は見かけに左右される。
3 具体的操作期	7〜12歳	具体的な事象であれば理論的に思考ができる段階。量、時間、空間、因果関係の概念が形成される。
4 形式的操作期	12歳〜	言語によって推理し、抽象的な思考ができる段階。仮説を立てて考えることが可能になる。

出典：[井戸、2012] を基に作成

2 発達における臨界期と敏感期

　人間には、ある機能を獲得するために生物学的に備わった限られた期間、すなわち「臨界期」があるとされている。そしてその時期を過ぎると、後の学習効果が弱くなると考えられている。

　さらに、人間の幼少期には、ある能力を獲得するためにそれを促える感受性が特別に敏感になる「敏感期」があるとされている。これは、ド・フリース（Hugo de Vries, Hugo Marie 1848〜1935）が最初に着目し、モンテッソーリ（Montessori, Maria 1870〜1952）の感受性教育にもつながった。人間は、発達に必要な時期に必要な行動をしたくなるという考え方である。立って歩行する時期、感覚を育む時期など、その時期に合わせて意欲が高まり、自発的に取り組んでいく。つまり、敏感期は物事を習得しやすい時期というより、学習意欲が高まる時期と考えられる。

　カマラの事例において、カマラは家庭的な愛情の中で保護と教育を受

け、人間らしさを取り戻し、歩くことも話すこともできるようになった。それでは、カマラは同年齢の子どもたちと同じように発達したのであろうか。同年齢でなくても、野生で暮らしていた約8年間を差し引いて、それ以後の発達が同じであったのだろうか。報告のとおり、同じようには発達しなかったのである。カマラの歩行はたどたどしく、言語発達も、単語を話す程度であったと報告されている。また、アヴェロンの野生児の事例においても、ヴィクトールは治療と教育を受けたにもかかわらず、正常な社会生活を営むことはできなかったのである。

このように、よりよい発達のためには、個々の子どもに適した時期の教育が重要だということである。こうした臨界期・敏感期の考え方は、ハヴィガーストの言う適時性ともつながる。

第3節 子どもの発達と人間形成

1 愛着形成と発達

乳児は母親から栄養を与えられ、世話を受ける。一方、母親は乳児から微笑や注目を受ける。子どもは母親に全てを依存し、母親との関わりを喜ぶ。また、母親は子どもに愛情を注ぐことに喜びを感じ、母子は互いにに満ち足りた感情を維持していく。この母子間の情緒的相互関係を「愛着(アタッチメント=attachment)」という。

動物は皆、生まれながらにして自分の生命を守る能力を身につけているが、ボウルビィ(Bowlby, John 1907〜1990)は、人間も同様に、泣く、ほほえむ、抱きつく、発声するといった生得的行動によって母親を自分に引き寄せ、母親と接触していることにより安全を確保すると説いた。そして、これらの生得的行動が基になり、母と子の愛着形成がなされるとした。

母子間の愛着がしっかり形成されることが乳児期にとって重要であり、母親の適切な応答性は、乳児の「自分の働きかけに、お母さん（環境）が応え、事態は改善する」という信頼感、「自分は周囲に愛されている」という安心感を生む。これが基本的信頼感であり、この獲得が人間形成の原点となると考えられる。

2　情緒の発達

情緒の発達には初期経験が大きく影響する。ブリッジス（Bridges, Katharine, May Banham 1897～？）は、情緒の出発点は新生児に見られる興奮であると説いている。その興奮が「快」と「不快」に分化し、さらにそれが複雑に分化していくとしている。快は、肯定的情緒として喜びや愛情に、不快は否定的情緒として怒りや恐れにつながる。乳児期に分化を始めた情緒は、幼児期に入ってさらに分化し、2歳頃までにはいちおうの分化を終える。そして5歳頃までには情緒的な基礎が出来上がるといわれている。

情緒の分化に伴い、情緒を引き起こす刺激の内容にも発達的な変化が認められる。情緒が分化する初期には、オムツが濡れているなどの生理的刺激が要因となって不快となる。オムツを交換してもらえば快になるなどである。その後、発達するに従って、音の出る玩具の音を聞いて喜ぶ、大きな音に嫌悪するなど、外界の事物が刺激となった情緒が認められるようになる。また、社会性の発達に伴って、人との接触が刺激となっていく。このように、刺激の種類や範囲が広がることで情緒の発達が進む。

3　社会性の発達

子どもの社会性を育てるために大きな役割を果たすのが遊びである。ビューラー（Buhler, Charlotte 1893～1974）は、遊びを、機能の快をもたらす活動であると定義している。

遊びは、遊ぶ行為自体が目的であり自発的な行動である。楽しみを基本にして子どもの自発性や主体的な意欲を伸ばしながら、身体機能・運動機能・認知機能・人間性などの発達をもたらす。遊びを通して対人関係や協調性、規則を守ることや役割を果たすことなどの社会的スキルを身につけるとともに、交渉やぶつかり合いの中から、忍耐力、思いやり、道徳心などを養っていく。また、遊びにはカタルシス（浄化）効果があり、情緒の安定にも大きな役割を果たす。

　子どもは周囲の人々との関わりの中で社会性を育んでいく。初めは身近な養育者との関係からしだいに他者、仲間関係へと広がり、そうした関わりの中で、人間形成がなされる。

【引用・参考文献】
　井戸ゆかり編著『保育の心理学Ⅰ——実践につなげる、子どもの発達理解』萌文書林、2012年
　改訂・保育士養成講座編纂委員会編『発達心理学』社会福祉法人全国社会福祉協議会、2011年
　改訂・新保育士養成講座編纂委員会編『保育の心理学』社会福祉法人全国社会福祉協議会、2015年
　桜井茂男編『たのしく学べる最新教育心理学』図書文化、2008年
　林邦雄・谷田貝公昭監修、大沢裕編著『教育原理』(保育者養成シリーズ) 一藝社、2012年

　　　　　　　　　　　　　　　　　　　　　　　　（佐々木由美子）

第4章 子ども観と教育

第1節 家族の中の子ども

1 「子ども観」をめぐる疑問点

　人は「子ども観」という言葉からどのようなイメージを思い浮かべるだろうか。家族や友人との日々の会話の中で、この言葉を使用する機会はどの程度あるだろうか。あるいは、日常生活ではそれほど頻繁に使用しないとしても、テレビ・新聞・インターネット・雑誌・書籍などの媒体で見聞きする機会は多いだろうか、少ないだろうか。

　このように振り返ってみると、子ども観あるいは子どもという言葉について、さらにさまざまな疑問が浮かんでくる。その一例を示すならば、①「子ども」とはいったい何歳から何歳までを指すのか、②「子ども」と「大人」はどのような点で区別されるのか、③「子ども」はいつ・どこにおいても同じように育てられてきたのだろうか、といったものが挙げられる。

　ここに挙げた疑問の一つ一つが教育学で取り上げられることの多い主要テーマであるので、本章ですぐさま明確な解答を出すことは難しい。だがそれでも、まず言えることは、いずれの疑問に関しても唯一絶対の答えがあるわけではなさそうだということである。なぜなら、例えば、①の子どもの年齢の問題にしても、**図表1**に掲げるとおり、各種法令によってその区分が異なっているからである（ここでは子どもだけでなく、その関連用語も取り上げた）。

図表1　各種法令における「子ども」関連用語の年齢区分

法令名称	呼称		年齢区分
少年法	少年		20歳未満の者
児童福祉法	児童		18歳未満の者
		乳児	1歳未満の者
		幼児	1歳から小学校就学の始期に達するまでの者
		少年	小学校就学の始期から18歳に達するまでの者
学校教育法	学齢児童		満6歳に達した日の翌日以降における最初の学年の初めから、満12歳に達した日の属する学年の終わりまでの者
	学齢生徒		小学校の課程を修了した日の翌日以後における最初の学年の初めから、満15歳に達した日の属する学年の終わりまでの者
子どもの読書活動の推進に関わる法律	子ども		おおむね18歳以下の者
児童の権利に関する条約	児童		18歳未満の者

(筆者作成)

このように唯一絶対の解答が存在しないということは、子どもおよび子ども観の意味するところが時代や地域によって異なるものであることを物語っている。

2　家族の変容が生み出す2つの課題

　子どもは基本的に一組の夫婦から成る家族の一員として生まれ、その中で育っていく。家族構成としては、父親に母親、そして兄弟姉妹などが想定される。父親は一家の大黒柱として働き、母親は専業主婦として家事に専念する。子どもは父と母の愛情（「父性愛」「母性愛」）を一身に受ける存在として大切に育てられる。このような家族像は、マンガの『サザエさん』や『クレヨンしんちゃん』などを通じて長らく描かれてきたものである。

　だが、ここで一つ疑問が生じる。このような家族像は、果たして現代の日本の家庭の現状にどれほど当てはまっているのだろうかと。このこ

とに関して、社会学者の山田昌弘は、すでに1980年代後半より「家族の個人化」が研究上のキーワードとして一般化していたことを示している［山田、2006］。山田は、ベック（Beck, Ulrich 1944～2015）やギデンズ（Giddens, Anthony 1938～）らの議論を基にして、家族が個人化していく現象として次の2つを提示している。

第1の変化は、家族が従来の形態を維持したまま、その他の集団（地域社会や近隣住民、親族）の拘束下から自由になっていくこと、および家族内の成員がそれぞれの干渉を過度に受けることなく行動の自由を獲得していくことを指す。

第2の変化は、個々の成員がそもそも従来の家族形態を選択することなく、結婚しない夫婦（いわゆる"事実婚"）を形成、もしくは親子関係を相互に選択・解消する自由を有していくことを指す［同上］。

子どもがなんらかの家族の中で生まれ育っていく存在であることを考えるとき、より問題となるのは後者の場合であるだろう。この変化は、個々の成員が親や子どもという役割から自由になることを指すものである以上、場合によっては親としての役割が放棄されてしまう可能性をも含んでいるからである。百歩譲って、成人した子どもが親から自主的に離れていく場合は許容するとしても、その逆に、ケアされるべき子どもの育児を親が放棄してしまう場合（虐待やネグレクトなど）が増えていくことは大いに問題である。以上のような家族の変容を教育学で扱うに当たり、主として考えておかなければならない課題として、次の2点が挙げられる。

　①第2の変化が生じているために、ある人が親になることが直接的に子どもを育てる責任と能力を有していることを保証しないこと。
　②（第2の変化以上に）より広範に第1の変化が生じているために、他人が理想のあるいは望ましい子育てを強要ないし推奨する余地はあまり（ほとんど）残されていないこと。

①を「親という役割規範の衰退」、②を「第三者による理想像提示の

困難さ」というように集約するならば、現代の子育てにはこれら2つの課題が存在していることが見てとれる。それでは、このような課題は現代の家族にのみ認められるものなのだろうか。そうであれば、その課題は、現代の日本にどのような影響を与えているのだろうか。

第2節 家族観と子ども観の関わり

1 ヨーロッパにおける子ども観の変容

　子ども観が家族のあり方と切り離せない関係にあることを踏まえ、本節では両者の関わりについて歴史をひもときながら検討していきたい。まず考えなければならないことは、歴史的に子どもという存在がどのように扱われてきたかについてである。ここでは、ヨーロッパにおける画期を取り上げたい。

　まず初めに、ルソー（Rousseau, Jean-Jacques 1712〜1778）が挙げられる。ルソーはその著書『エミール』において、子どもそのものについて考える必要性を主張しながら、「大人」になる前までの「子ども」という時期を一続きのものとみなし、その発達の過程（誕生から24〜25歳まで）について物語風に論じた。そのようなルソーの著作の特徴に関して、森田伸子は、「『エミール』の独自性は、それまでの教育論とか学習論というタイトルで書かれてきた多くのテクストのように、もっぱら生徒としての子どもにのみ関心を寄せるのではなく、子どもそのものに関心を寄せている」点が特徴的だったと記している［森田, 1993］。キリスト教の原罪説に反して子どもを無垢の存在とみなすルソーの考え方は、子ども（ひいては人間）の持つ可能性に目を向けさせ、19世紀における家族の中での子どもの保護につながっていった。

　このような子ども観の変容をヨーロッパの文学・絵画の題材から明ら

かにした人物として、アリエス（Ariès, Philippe 1914～1984）が挙げられる。アリエスは、その著書『〈子供〉の誕生』において、「私たちが出発点として取りあげている中世の社会では、子供期という観念は存在していなかった。……言葉の上でも、子供という言葉には、私たちが今日賦与しているような限定した意味は与えられていなかった」と述べている［アリエス、1980］。ヨーロッパで描かれた絵画の題材を丹念に調べたアリエスの研究が一世を風靡した結果、「母性愛」という子育ての中心概念自体、実は近代の産物にすぎないのではないかという言説が広く流布されることになったのは注目すべきことである（その一方で、アリエスの研究後、近代以前にも親や大人が子どもを大切にしていたことを証する資料が多方面から示されたというが、18世紀頃に子ども観が変容したのは事実であるだろう）。

このような動向は、その後の時代にも受け継がれていく。フレーベル（Fröbel, Friedrich Wilhelm August 1782～1852）やケイ（Key, Ellen 1849～1926）およびデューイ（Dewey, John 1859～1952）は、とりわけ幼少期の子どもの活動に自由を認めた。子ども中心主義の考え方は、幼児教育において「遊びを通じた学び」という理念を確立するうえで大きな影響を及ぼしたのみならず、家庭における子育ての方針にも新たな視座を提供していった。

以上を踏まえるならば、少なくとも18世紀以前のヨーロッパにおいては、「子どもは大切に育てられるべきである」という母性愛に基づく子育て観・子ども観が、当然あるべき考え方として定着してはいなかったことが認められる。このような考え方は、医療・衛生面での改善を背景として、19世紀以降の欧米諸国が「多産多死から少産少死」の社会へと移り変わっていったことと並行して広まるに至った。その歴史的変遷のもとに、現代に生きる我々の多くは、そのような子ども観を所与のものとして受け止めている。そうであるからこそ、昨今の虐待問題を受け入れることができず、まず第一に親側に問題点を見いだすわけである。そ

れでは、子どもは愛されるべきであるという子ども観は、日本でどのように生じ、現在どのような状況を生んでいるのだろうか。

2　日本における子ども観の変容とその意味

そのことについて考えるべく、育児・子育てに関する日本の統計データを参照してみよう。

まず初めに、1899年から2012年までの日本における「新生児死亡率・乳児死亡率の年次推移」を見てみたい（**図表2**）。これによると、乳児死亡率が大正時代末期までは15％（千人当たり150人）以上であったのに対して、2012年には0.2％（千人当たり2.2人）に変化していることが読み取れる。厚生労働省の報告書によると、依然として割合が0％には至っていないものの、100年ほど前と比べて、子どもが幼少期に亡くなってしまう割合が大きく減少していることがうかがえる。このような乳児死

図表2　新生児死亡率と乳児死亡率の推移

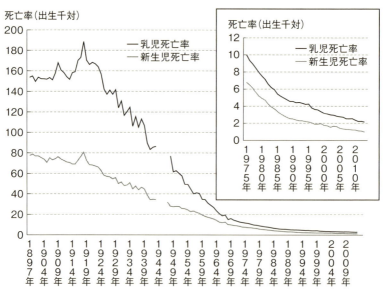

出典：［厚生労働省、2014］p30を基に作成

亡率の減少がもたらす一つの帰結として、大人ないし親が子どもを衣食住の全てにわたって細密に保護すべき対象と捉える立場からしだいに離れていく素地がつくられていった可能性が指摘できよう。

続いて、「平均初婚年齢と母親平均出生時年齢の推移」について見てみたい（**図表3**）。平均初婚年齢をはじめとした全ての指標において年齢の上昇が見られること、および男女共同参画社会の理念が広まりを見せたのが2000年代であることを踏まえるならば、かつては現在よりも多くの女性が結婚・出産を機に会社を退職し、育児・子育てに専念していた姿が思い浮かぶ。だがその一方で、すでに1970年代に「育児ノイローゼ」といった負の表現が用いられ始めていることを考えると、「母性愛」あるいは「良妻賢母」思想が社会通念として大きな影響力を有し、親たち（とりわけ母親）が先の子ども観と自らの育児の間で葛藤を抱えていたことが推察される。

この1970年代が、いわゆる受験戦争が問題視され始めた時期、子どもの学歴・教育歴が重視され始めた時期と重なっていることには大きな意味があるだろう。というのも、子どもがかつてほど保護すべき対象とみなされなくなったのと軌を一にして、社会集団から孤立した親たちが成

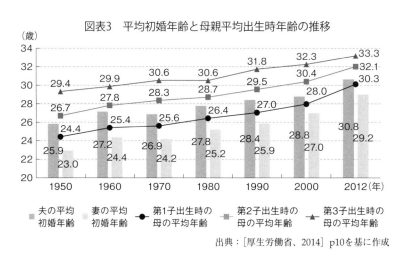

図表3　平均初婚年齢と母親平均出生時年齢の推移

出典：［厚生労働省、2014］p10を基に作成

育それ自体に加えて保育・教育の質および内容の面で責任を問われていくことになったからである。言い換えるならば、単純に愛されるべき存在であった子どもたちは、社会の動向や親の意向に左右される形で、成長の方向の定められた枠の中で生きるべき存在とみなされ始めたわけである。この傾向が幼稚園・保育所での英語教育の実施など、さまざまな面に表れていることを踏まえるとき、子どもの自由を認めるという理念が、現実の中でどれほどの力を有しているのか、いま一度考えてみる必要性を感じざるをえない。

3 「保護対象としての子ども」から「権利主体としての子ども」へ

本章では子ども観という言葉の意味およびその変容について検討してきた。その中で特に注意すべきポイントは、子ども観あるいは子どもについて考える際には、子どもが家族あるいはそれに相当する集団の中で生育する存在であることを踏まえ、所属集団である家族の実態および家族に影響を及ぼす社会全体（教育環境や子育て環境、労働環境など）のありようまでも視野に入れる必要があることが確認された。

今後の展望としては、やはり「子どもの権利条約」第12条第1項に示された「子どもの意見表明権」（締約国は、自己の意見を形成する能力のある児童がその児童に影響を及ぼすすべての事項について自由に自己の意見を表明する権利を確保する。この場合において、児童の意見は、その児童の年齢及び成熟度に従って相応に考慮されるものとする）の重要性を踏まえ、「保護対象としての子ども」から「権利主体としての子ども」への転換を社会全体で行っていくことが求められる。子どもそのものについて考えるべきであるというルソーの主張から300年ほど経過した現代において、大人ないし親たちは、子どもの声にいっそう耳を傾けていくことが大切である。

とはいえ、家族の個人化という現象が進展していることを踏まえると、単純に理想の子ども観や子ども像を提唱することは、場合によっては空

言にとどまってしまうものと推察される。現今の学校教育あるいは家庭教育に資する研究を行うためには、ただ単に家庭に対して理想の子ども観を提示するのみならず、子どもたちが置かれている現状をつぶさに把握し、それに合致する対応策を提示していく必要がある。子どもは歴史的にどのように扱われてきたのか、現代に生きる我々はいったい子どもの自由をどのように捉えているのかといった根本的な問いかけは、その基底のところで今後も引き続き重要性を付与され続けるはずである。

【引用・参考文献】
　アリエス，P.（杉山光信・杉山美恵子訳）『〈子供〉の誕生──アンシャン・レジーム期の子供と家族生活』みすず書房、1980年
　大日向雅美『母性愛神話の罠』日本評論社、2000年
　厚生労働省「『健やか親子21（第2次)』について検討会報告書」2014年
　森田伸子『テクストの子ども──ディスクール・レシ・イマージュ』世織書房、1993年
　山田昌弘「家族の個人化」広田照幸編著『子育て・しつけ』(リーディングス日本の教育と社会3) 日本図書センター、2006年

（宮本浩紀）

第5章 教育的関係

第1節 教師とは何か

　教育という営みは人間という存在とともにあり、あらゆる過程において存在している。そこには、意図的・無意図的にかかわらず、「教える－学ぶ」関係がある。「教える－学ぶ」関係において、「教える」人、すなわち教師には、熱意や使命感を持つことはもちろん、教えることに関する知識と技能を備えていることが求められる。本章ではまず、「教える」人を意味する教員・教諭・教師などの類似語の意味を整理する。そのうえで教師としての役割の変遷を確認しながら、今日の教師に何が求められているかを探る。また、教師は子どもにとって最も重要な環境の一つである。子どもは教師の影響を強く受けながら育っていく。教室の中で生じる教師と子どもの関係について、教師の子どもへの期待やリーダーシップ、学級の雰囲気を取り上げ、教師としてのあり方が「学ぶ」人である子どもとの関係に与える影響について考察する。

1 教員・教諭・教師の違い

　「教員」は、学校をはじめとする教育機関に所属し、一定の知識・技術等を教える役割を持つ職員の職名として用いられる用語である。法律で定義された用語であり、「教育職員」の略称である。つまり、「教員」とは、「教諭、助教諭、養護教諭、養護助教諭、栄養教諭及び講師」と定義されている（教育職員免許法第2条）。また「教諭」は、教員免許状に関わる資格の用語であり、教員免許状を有し、学校で正規に任用され

た者のうち、校長、教頭、講師とは異なる一般的な教員を指す職階に充てられる用語である（学校教育法）。

一方、「教師」は「家庭教師」「ピアノ教師」等のように、法律上の正式な職名を指すものではなく、教える人を意味する普通名詞である。「師」という字が付く職業には「医師」「看護師」「美容師」等があるが、これらは「教師」とは異なり、法律に基づく正式な職名である。「教師」は、「師」という字を用いながらも私的側面が強調されており、法律や制度上では「教員」「教諭」等の用語が使用されている。学校の教員をあえて「教師」と呼ぶのには、教員や教諭では言い尽くせない価値観を含んでいるからだろう。「師」という文字には、「人の集まるところ」という意味がある。その意味からすると、教師とはその人の教えを求めて、周りに自然と人が集まってくる人ということになる。学校に勤めれば「教員」「教諭」にはなれるが、「教師」になれるかどうかは、その人を慕って子どもが集まってくるかにかかっている。つまり、教師かどうかは「学ぶ」人（学習者）である子どもが決めると言ってもいいだろう。

2 教師像の変遷

教師は、社会からどのようなことを期待されているのだろうか。教師は学習者に知識を伝達し、技術を身につけさせるという基本的な役割を果たすだけではない。例えば、学習刺激環境を整える学習環境デザイナーとしての教師、子どもの学習状況を把握し問題の所在やその克服を援助する学習カウンセラーとしての教師、さらに教師の姿を通して社会での行動の仕方や価値基準を示すモデルとしての教師など、期待される教師としてのあり方は多岐にわたっている。教師としての理想的なあり方に対する人々の考え・見方・イメージを教師像というが、その内容は時々の歴史的・社会的状況の中で変化してきている。教師像の変遷を示す代表的な言葉に、「聖職者−労働者−専門職者」がある。

(1) 聖職者論

教師を神仏に仕える職になぞらえ、その仕事は神聖なものであるという考えに基づく考え方である。この考え方は、中世ヨーロッパにおいて教師と聖職者が未分化だったこと、また人間形成に関わる教育内容および使命の重さに由来する。戦前の日本において支配的な考え方であり、教師に師表として人格や尊い自己犠牲、愛他精神を求める立場をとる。

(2) 労働者論

戦後の民主化を受けて登場したのが労働者論である。労働者論では、教師は聖職者ではなく、労働者であるという立場をとる。つまり、教師は製造業や小売業などと同じように、職業の一種として教育という仕事に従事しているにすぎないとする考え方である。この考え方は、1952年制定の日本教職員組合「倫理綱領」に見られるように、主として教師自身から提示された。

(3) 専門職者論

聖職者、それを否定した労働者という対照的な教師像を包括する論として提示されたのが専門職者論である。教師を医師や弁護士、高度技術者などの高度資格専門職と同様に扱うことを目指すものであったが、養成期間の長さやその後の働き方、社会的・経済的地位などの複数の観点から、教師は従来の高度資格専門職の考え方に適合するとは言い切れない。そこで、教師を高度資格専門職とは異なる新しい専門職に位置づけようとする考えがある。つまり、教師の専門性を知識・技術の伝達者という点だけではなく、子どもの人格を形成する教育者であるという点に見いだそうとするのである。

(4) これからの教師に求められる資質能力

近年、専門職者論は政策にも反映されてきた。1997年、教育職員養成審議会は「新たな時代に向けた教員養成の改善方策について」(第1次答申)を発表し、教員に求められる資質能力を「いつの時代も教員に求められる資質能力」と「今後特に教員に求められる具体的資質能力」に

整理している。そして、今後の教師には、①地球的視野に立って行動するための資質能力、②変化の時代を生きる社会人に求められる資質能力、③教員の職務から必然的に求められる資質能力が重要であるとし、それぞれの具体例を示している。教師の役割はますます拡大し、幅広い教養に基づいて、子どもの抱える問題に対処し、質の高い教育活動を展開することが教師には求められているのである。

第2節　教室における教師と子どもの関わり

1　教師の期待

(1) 教師の子どもに対する認知

人が他者を理解していくプロセスには主観的な判断が混入し、認知がゆがんでしまうことがある。教師が子どもを理解しようとするときにも、教師の認知にゆがみが生じ、子ども理解に影響を及ぼすことがある。

光背効果（ハロー効果）は、ある人物の評価を行うときに、その人に1つ、2つの顕著な良い特徴があると、全体的に良い評価をしてしまい、逆にいくつかの顕著な悪い特徴があると、総じて悪い評価をしてしまう現象のことである。このような人物評価のゆがみは、教師の子どもに対する認知にも見受けられる。例えば、教師が学業成績を望ましいと評価した子どもは、そうでない子どもに比べて、性格や行動面で教師から高い評価を受けやすい傾向があることが分かっている。

(2) 教師期待効果（ピグマリオン効果とゴーレム効果）

ローゼンタール（Rosenthal, R.）とジェイコブソン（Jacobson, L）は、小学生1年生から6年生に対して子どもの学力向上を予測するテストと称して、単なる知能検査を実施した。その後、各クラスからランダムに2、3人の子どもを選び出し、「その子は近い将来、学力の向上が予測され

る結果が出ている」と担任教師に報告し期待を抱かせた。8カ月後に再度同一の知能検査を実施したところ、将来伸びると担任教師に報告されていた子どもは他の子どもたちに比べて、特に低学年において知能指数が著しく向上した（**図表1**）。

　このように、教師が伸びると期待した子どもが実際に伸びることを、ローゼンタールたちは「ピグマリオン効果」と呼んだ。これは、ピグマリオンという王が自分で彫った乙女像に恋し、その像を生きた人間に変えたいと願ったところ、その願いがかなったというギリシャ神話に由来している。ピグマリオン効果は、教師が特定の子どもに対して持つ期待が子どもに伝わり、子どもの学習に影響を与えることを示している。また逆の現象として、教師が学力低下など否定的な期待を抱き、それが現実のものとなるゴーレム効果も知られている［Babad et al., 1982］。

　教師期待効果は、なぜ生じるのだろうか。ブロフィ（Brophy, J. E.）とグッド（Good, T. L.）によれば、教師は高い期待を寄せる子どもに対しては褒める機会が多く、間違えて回答してもヒントを与えることが多いという。一方、期待していない子どもに対しては、回答へのフィードバックが少なく、間違えた場合は叱責する傾向があるという［ブロフィ＆グッド, 1974］。こうした教師の対応の違いが日常的に生じていると考えると、その積み重ねが大きな影響をもたらしているのであろう。教師自

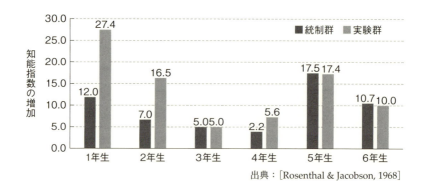

出典：［Rosenthal & Jacobson, 1968］

身が意識的であろうと無意識的であろうと、子どもに対して必ずしも同等に期待していないであろう現実を考えると、この教師期待効果は、教育実践場面に重要な問題提起をしていると考えられる。

2 教師のリーダーシップと学級雰囲気

(1) 教師のリーダーシップ

教師と子どもとの関わりは、学級という集団自体のあり方にも影響を与える。具体的には、教師がどのような場面でどの程度リーダーシップをとるのかが問題となる。

三隅二不二らは、集団目標の達成（Performance）に関するＰ機能と、集団維持（Maintenance）に関するＭ機能の組み合わせにより、リーダーシップを捉えるＰＭ理論を提唱している。ＰＭ理論を教師の行動に当てはめると、Ｐ機能は学業やクラス対抗の諸行事等で高い成績をとることを強調する働きかけであり、Ｍ機能は学級の雰囲気の維持や快適な人間関係に配慮した働きかけを指す。教師によりＰ機能とＭ機能のどちらを強調するかによって、ＰＭ型、Ｐｍ型、ｐＭ型、ｐｍ型という４タイプの特徴を考えることができる（**図表２**）。

三隅らによれば、教師がＰＭ型リーダーシップを発揮する学級では、子

図表２　ＰＭ理論によるリーダーシップの類型

	集団的達成機能（Ｐ機能）低	集団的達成機能（Ｐ機能）高
集団維持機能（Ｍ機能）高	pM	PM
集団維持機能（Ｍ機能）低	pm	Pm

出典：［三隅ほか、1977］

どもどうしの連帯が強く、規則が遵守され、学習意欲も良好で、学校不満の得点が低いことが示された。また、Ｐｍ型は学校不満で最も高い得点を示した。教師が課題達成と人間関係の両側面に配慮したリーダーシップを発揮することによって、学級活動は最も活性化すると考えられる。

(2) 学級雰囲気

子どもどうしの相互作用が活発になると、学級は集団としてまとまりを持ち、やがてはその学級に特有の雰囲気が醸成される。教師の指導態度によって、学級集団にはずいぶんと違った雰囲気が生み出される。

リピット（Lippitt R.）とホワイト（White, R. K.）は、10歳の少年5名ずつから成る集団を独裁型・民主型・放任型の指導態度をとるリーダーの下で課題に取り組ませ、集団のあり方がどのように異なるかを調べている（図表3）。独裁型リーダーの下では、リーダーへの依存性が高まった反面、仲間どうしでの敵対的言動が見られた。民主的リーダーの下では、集団内の人間関係が良好で、友好的・信頼的な言動が多く見られた。放任型リーダーの下では、課題に取り組まず遊んでいる時間が多く、集団としてのまとまりがなく、仲間どうしでの争いも見られた。

集団そのものの特性の違いに関係なく、リーダーシップの型によって作業の質や量だけでなく、集団内の人間関係まで影響される。学級の雰囲気は、子どもと教師の両者によってつくり出されるものであるが、教師のリーダーとしての影響力が大きいことを理解しておく必要があるだろう。

図表3　3タイプのリーダーの特徴

独裁リーダー	民主型リーダー	放任型リーダー
作業の方針、手順、分担、進行などを全てリーダーが決定し命令する。	作業の方針や分担、進行はメンバーの討議によって決定させ、リーダーは全般的な見通しを示すとともに、メンバーの話し合いを支持する。	作業方針の決定にリーダーは関与せず、作業方針や分担なども質問があれば答える程度であり、最小限の活動にしか関わらない。

出典：〔Lippitt & White, 1958〕

【引用・参考文献】

浅田匡・生田孝至・藤岡完治編著『成長する教師 —— 教師学への誘い』金子書房、1998年

鹿毛雅治・奈須正裕編著『学ぶこと・教えること —— 学校教育の心理学』金子書房、1997年

淵上克義『学校組織の心理学』日本文化科学社、2005年

油布佐和子編著『転換期の教師』放送大学教育振興会、2007年

ブロフィ, J. E. & グッド, T. L.（浜名外喜男・蘭千壽・天根哲治訳）『教師と生徒の人間関係——新しい教育指導の原点』北大路書房、1985年

三隅 二不二・吉崎静夫・篠原しのぶ「教師のリーダーシップ行動測定尺度の作成とその妥当性の研究」『教育心理学研究』25、1977年、pp.157-166

蘭千寿・古城和敬編『教師と教育集団の心理』（対人行動学研究シリーズ）誠信書房、1996年

Babad, E., Inbar, J. & Rosenthal, R. "Pygmalion, Galatea and the Golem: Investigations of biased and unbiased teachers." *Journal of Educational Psychology*, 74, 1982, pp.459-474

Lippitt, R. & White, R. K. "An experimental study of leadership and group life." In Maccoby, E. E. et al. (Eds.) *Readings in social psychology*. Holt, Rinehart & Winston. 1958.

Rosenthal, R. & Jacobson, L. *Pygmalion in the Classroom: Teacher Expectation and Pupils' Intellectual Development.* Holt, Rinehart & Winston, 1968

（春原淑雄）

第6章 教育内容と教育評価

第1節 教育内容とは

1 教育の文化性

　カント（Kant, Immanuel 1724〜1804）は、人間とは、教育されるべき唯一の被造物だと述べている。というのも、人間性の基盤となる「文化」は、遺伝によっては継承されず、教育による伝承によって維持されるほかないからである。それを踏まえ、勝田守一（しゅいち）（1908〜1969）は、教育とは「社会的に形成され、歴史的に蓄積された知識の本質的なものを、自己の所有とすることによって、主体が成長する」ための仕事だと述べる。教育とは、先行世代が、後続世代に対して価値ある文化を伝承していく意図的・組織的な営みなのである。そうだとするならば、人間らしさの基盤となる「文化」のうち、どれを、どのように後続世代に教育するのかを決定しなければならない。教育において伝達される文化を教育内容といい、それを伝達する手段と技術を教育方法という。本章では、教育内容の選択・提示の仕方と、その提示の仕方が適切であったかを検討する際、避けて通れない教育評価に関する基本的な考え方を紹介する。

2 教育内容に関する2つの思想

　どのような教育内容を学習者に与えるべきかについては、古来より、2つの考え方が対立してきた。一つは教養主義と言われる考え方であり、知識そのものよりも、知識の活用方法一般を学習者に獲得させることを

目指すものである。もう一つは実学主義であり、学習者の実際の生活、労働に役立つ実践的知識を与えることを目指すものである。

　教養主義的な教育内容の代表格とされるのが、中世ヨーロッパの大学において教授されていた自由7科である。神学者、法律家、医師などの専門職養成を行っていた中世大学においては、ラテン語によりながら、文法、修辞学、弁証論（論理学）から成る初級の3科と、算術、天文学、幾何学、音楽学から成る上級4科が教授された。ラテン語による教育が重視されたのは、古代ギリシア・ローマの古典的文献の中に、普遍の真理が存在し、それを明らかにすることが知的探求の目的だと考えられていたためである。

　それに対して、17世紀頃から、経験論の影響下で、科学的な認識を重視する実学主義の流れが強まった。実学主義は、啓蒙思想と結び付きながら、旧来の権威、体制に批判的な市民層に支持され、産業革命を経て近代化を達成しようとする資本主義国家において普及していった。

　19世紀以降、国民国家の形成が進む中で、ヨーロッパ諸国をはじめとする資本主義国家は、近代公教育の整備を進めた。近代公教育は、全ての国民に対して、公費によって、画一的な教育内容を提供することを理念とする。近代学校では、3R's（スリーアールズ）と呼ばれるReading（読み）、Writing（書き）、Arithmetic（計算）の基礎的技能に加え、「国民」としての道徳規範が教育内容として取り入れられた。

　近代国民国家の学校教育には、実学主義的な教育内容が導入される傾向が強い。その中にあっても、少数のエリートに対する高等教育の中では教養主義の伝統が守られてきており、今日に至るまで、実学主義・教養主義の2つの流れは併存している。

第2節　カリキュラム（教育課程）の２つのタイプ

　カリキュラム（教育課程）とは、「走路」を意味するラテン語に由来する言葉であり、教育目標に基づいて選択された教育内容を編成したものを意味する。今日では、カリキュラムを、単に組み立てられた教育内容だけではなく、それを学ぶ側の学習経験の総体として広く捉える見方もある。この見方によれば、例えば、「授業中はいすに着いておとなしくしている」、「教師の話を静かに聞き、口答えしない」などの態度をとるといったように、学校教育において「適切」「当然」とされる行動・意識のパターンを身につけることもまた、カリキュラムに含まれる。

　ジャクソン（Jackson, Philip W. 1929～2015）は、言葉では明示されないものの、教育を可能にする態度を身につけさせる権力作用を、潜在的（隠れた）カリキュラムと呼んだ。潜在的カリキュラムは、以下で見る「顕在的（見える）カリキュラム」としての教育内容の伝達を可能にするための基礎や前提と見なされているのである。

1　教科カリキュラム

　国語、算数といったような、教育内容を「教科」という枠組みに分類し、系統的に編成したカリキュラムを、教科カリキュラムと呼ぶ。教師にとってみれば、教えたいと考えている教育内容を系統化・体系化しやすく、子どもの学習の進みぐあいを把握しやすいというメリットがある。これらの点で、教科カリキュラムは教師主導のカリキュラムと言える。

　教師の主導性のデメリットとして、子どもの関心が無視されがちであり、各教科の内容の関連が無視されがちとなるということがある。この弱点を補うために、教科間の関連を強める以下のようなカリキュラムのタイプが考案されてきた。

　例えば「相関カリキュラム」とは、複数の教科の共通要素を結び付け

るカリキュラムである。これは例えば、地理と世界史でそれぞれ学ぶフランスに関する内容を関連させるというようなことである。「融合カリキュラム」とは、教科間の相関をさらに深め、新しい科目を創設するカリキュラムである。例としては、歴史・地理・公民を融合させた社会科や、物理・化学・生物・地学を融合させた理科などが、これに当たる。「広領域カリキュラム」とは、子どもの興味や活動の内容を軸として、さらに科目の融合を進め、複数の大領域をつくり上げるものである。小学校低学年の生活科や、幼稚園教育要領・保育所保育指針における保育内容の5領域は、広領域カリキュラムであると言える。

このほかにも、学習者の生活経験を発展させるコア（核）となる課程を中心とし、その周辺に関連する課程を配置する「コア・カリキュラム」という考え方などがある。

2　経験カリキュラム

それに対して、子ども自身の生活の中で生じてきた問題意識から学習を進めていくカリキュラムを、「経験カリキュラム」と呼ぶ。経験カリキュラムは、20世紀初頭、アメリカのデューイ（Dewey, John 1859～1952）らによって提唱された問題解決学習の思想を基礎としている。問題解決学習は、子どもが生活の中で感じる疑問を問題として捉え、それを解決するための仮説を子ども自ら設定し、検証することによって展開される。

経験カリキュラムの長所としては、子どもの自発的な参加、意欲を喚起しやすいことが挙げられる。逆に、短所としては、子どもの生活上の疑問（問題）から教育内容を抽出するので、必要とされる知識・技能が必ずしも網羅されるとは限らないという点が挙げられる。その他には、学習の計画性・予測性が低いこと、教育のねらいがあらかじめ設定しにくく、「はいまわる経験主義」に陥りやすいことも短所に挙げられる。

第3節 教育計画

1 教育計画と学習指導要領

　教育に何を取り入れるかは、教育する側の倫理観や価値観、意図に沿うように決定される。現在において、具体的な教育計画は、全国的なカリキュラムのガイドライン（ナショナル・カリキュラム）に明示された理念と、教師の問題意識、倫理観を総合させる過程で創り上げられる。

　日本においては、全国的なカリキュラムの基準として、文部科学省およびその前身の文部省が、学習指導要領を告示してきた。現在では、小学校・中学校・中等教育学校・高等学校・特別支援学校のそれぞれの学校種別ごとに学習指導要領が告示されており、学習事項の学年別の振り分け、授業時間などを規定している。

　学習指導要領は、1947年当初は「試案」とされていたが、1958年以降、官報告示により法的拘束力があるとされ、今日に至っている。学習指導要領は、おおよそ10年に1度、見直しが行われ、改訂されている。幼稚園教育要領の改訂は、学習指導要領の改訂と並行して行われる。

　戦後まもなくは、アメリカから導入された経験カリキュラムの影響が支配的であり、上述のデューイらが提唱した問題解決学習に基づく授業実践が盛んに展開された。しかしながら、高度成長期（1955～1973年）に入ると、経済界から、工業生産の担い手としての優秀な労働力の育成が学校教育に求められるようになり、系統学習、教科カリキュラムの充実が進められた。この時期は、「教育内容の現代化」をスローガンとして理数系科目の充実が図られるなど、教育内容の高度化が進んだ。同時期、「団塊の世代」が高校受験、大学受験の年齢に達したこともあり、能力主義的な学歴競争は「受験戦争」と呼ばれるほど苛烈なものとなった。その一方、授業を理解できない「落ちこぼれ」の子どもの増加が社会問

題化した。

　それを受け、1980年施行の学習指導要領においては、学校生活の「ゆとり」という文言が登場し、教育内容の精選が図られる。選択教科を増やすなど教育内容の多様化・個別化が進められた。この流れは一貫してとどまることがなく、2002年施行の学習指導要領では、「生きる力」の育成が目標として掲げられ、学校完全週休2日制の導入、授業時間数の3割削減、教育内容の厳選が行われた。同時に、小学校3年以上を対象とする「総合的な学習の時間」が導入された。ここでは、「自ら学び、自ら考える力を育成する」ことが目指され、体験的学習、問題解決的学習が導入されるなど、経験カリキュラムの考え方が復権したかに見えた。

　ところが、授業時間の減少により、学力低下が引き起こされているという批判や、「ゆとり」を有効に生かせる家庭とそうでない家庭との間で学力の格差が拡大しているという批判が出され、世論は新学習指導要領に否定的になっていった。これらの批判を受け、文部科学省は、2008年、学習指導要領の改訂に踏み切った。この改訂が「ゆとり教育」の終焉とされるのは、1970年代から継続していた教育内容の削減が底を打つと同時に、「確かな学力」の育成がスローガンに掲げられたためである。こうして「脱ゆとり」路線の学習指導要領が、2011年から施行されている。

2　授業案の作成

　学習指導要領を踏まえて、各学校では、年間指導計画という学年ごとの長期の教育計画を作成している。現在は、地域の特性を生かし、学校ごとの特色ある教育活動を展開することが推奨されているため、年間指導計画や、それに沿って作成される単元指導計画も、バラエティに富んだものとなる。単元（ユニット）とは、ある課題に沿って行われる学習活動の単位のことである。

　個々の教師は、単元指導計画、およびそれに基づいて作成する短期の

指導計画（授業案）を作成する。教師は、授業案を作成するに当たって、教育目的、教育目標という意図を念頭に置きながら、扱う主題、方法、メディア（教材）を検討する。教材として、小学校、中学校、高等学校等では、教科用図書、いわゆる教科書を使用しなければならない。教科用図書としては、文部科学大臣の検定を受けた著作、あるいは文部科学省著作のものだけが使用できる（学校教育法第34条）。

教育計画を行うためには、まず、教育的意図をもって教育内容を選定し、次に、それを配列しなければならない。教育内容を選び取るために編成された領域を、スコープという。スコープを設定するということは、「何を学ぶか」を大まかに決定するということを意味している。一定のスコープから選択された教育内容の要素の、順序立てられた配列をシークエンスと呼ぶ。シークエンスを作るということは、「どんな順番で学ぶか」を決定するということである。

教科内容を、教材という材料を選択、開発、配列することによって具現化していく過程を教材研究という。教材研究の際、まず教師は、子どもの発達段階や生活の状況に現れる心理的・社会的・文化的要因にも十分な注意を払わなければならない。

次に、目標（課題）を念頭に置いて、授業の展開をデザインしていく。授業の過程は、①導入、②展開、③山場、④まとめ（総括）など、いくつかの段階に分かれる。それぞれの段階で、教師が子どもにどのような働きかけを行うか、予想される子どもたちの反応はどのようなものかを検討する。授業中、教師が行う重要な働きかけの一つが「発問」である。発問は、教育内容へ向けての子どもの関心をひきつけ、子どもが抱いている素朴概念を打ち砕き、新たな思考・考察を促すことを目指して行われる。

第4節 教育評価

　教育実践の質を向上させるためには、実践の過程と結果に対する省察が行われなければならない。一般に、教育活動の質の改善を目指して、教育の過程と結果を検討することを教育評価という。

　教育評価が適切であるためには、次の2つの基準を満たさなければならない。

　第1に、信頼性である。信頼性とは、測定結果の安定性、評価基準・評価方法の一貫性のことである。複数回にわたって評価が行われても、その結果がぶれない評価は、信頼性が高いと言える。

　第2に、妥当性である。妥当性とは、評価対象と評価方法の適合性のことである。評価方法と、それが評価したい能力や学習過程の間にズレがある場合、その評価の妥当性は低いと言わなければならない。

　教育評価は、教育目標を達成できたか、その程度を評価するために行われる。そのため、教育目標と、教育評価の方法が適合する必要がある。一般に、教育目標の設定には、2つのパターンが存在するとされる。

　①到達目標

　これは、「二次方程式の解法が分かる」「英文の能動態から受動態への変換ができる」など、子どもたちが何を獲得しなければならないのかを実体的に明示した目標である。

　②方向目標

　これは、「自然の不思議さに関心を持つ」「自己課題を明確化して自ら解決する態度を養う」などのように、子どもたちの変容の方向だけが示されている目標である。

　到達度評価は、個々の子どもが到達目標として示された基準を達成しているかを調べるものであるが、評価を行う時期と目的によって、次の3つに分類できる。

第1に、診断的評価である。学習が行われる直前に実施され、学習者が、その時点でどのような知識・技能を持っているかを知るために行われる評価である。
　第2に、形成的評価である。学習の中途に行われる評価で、その段階で学習がどの程度進んでいるかを把握するために行われる。
　第3に、総括的評価である。学習の終結時に行われる評価で、学習者が最終的にどのような知識・技能を獲得したかを把握するために行われる。
　以上の評価の結果から、以前の個人と現在の個人の達成を比較し、どれだけ伸びたかを把握する評価を個人内評価と呼ぶことがある。
　これに対して、集団内での生徒の達成度の位置・順位に基づいてなされる評価を相対評価（集団内評価）という。代表例としては、偏差値による評価が挙げられる。ただ、教育目標が個性化を志向し、教育内容が多様化すると、相対評価は評価方法としてそぐわなくなってくる。教育評価は、単に、教育を受ける側の達成のレベルを測定するために行われるだけではなく、教育する側の改善のためにも行われるべきものだという考え方が一般的になってきている現在、学習者の序列化を行わない新しい評価方法が求められている。通常の授業の中で、能力や技能を実際に使う場面を設定した課題に取り組ませて評価する「真正の（オーセンティック）評価」や、子どもにプレゼンテーションをさせるなど、学習成果を表現させて評価するパフォーマンス評価のほか、子どもの製作物を収集していくポートフォリオ評価などが、新しい評価方法として提案されている。
　一方で、教師など評価をする側に、評価のバイアス（偏り）が無自覚のうちに生じてくる場合がある。例えばローゼンタール（Rosenthal, Robert 1933～　）は、教師が抱く生徒に対する期待のいかんによって、生徒の学習に影響が出る可能性を指摘した。これをピグマリオン効果という。
　またソーンダイク（Thorndike, Edward 1874～1949）は、教師が、生徒のあ

る特性が優れていると思っていると、他の特性も優れているように感じられる、といった認知のゆがみが生じると指摘している。これを光背効果（ハロー効果）と呼ぶ。

　教育評価をする者は、こういった評価のゆがみが生じる危険性を常に自覚し、自らの評価が適正であるかを反省し続けていかなければならない。それと同時に、学習者を評価するという行為自体が、学習者のふるまいの方向性に大きな影響力を与えてしまう可能性、言い換えれば評価の権力性を、教育評価を行う者は自覚し続けなければならないのである。

【引用・参考文献】

　梅根悟『世界教育史』新評論、1967年

　尾崎ムゲン『日本の教育改革――産業化社会を育てた130年』中央公論新社、1999年

　勝田守一『能力と発達と学習』（現代教育101選26）、国土社、1990年

　田中耕治「教育評価の新しい考え方」田中耕治編著『新しい教育評価の理論と方法Ⅰ：理論編』日本標準、2002年、pp.3-31

　二杉孝司「教科・教材・授業：「教育内容」と「教材」をめぐる1970年代と1980年代の問題史」柴田義松・藤岡信勝・臼井嘉一編『教科と教材の開発』（シリーズ・授業づくりの理論2）、日本書籍、1994年、pp.151-181

（吉田直哉）

第7章　教育の方法

第1節　教育方法の原理

　教育方法とは、広義の意味では人間形成の方法である。教育学（Pädagogik）の語源は「子どもをより善く導く術」であり、実践学としての教育学そのものの根源的な意味を表すものと言ってよい。この世に生を受けた子どもを、どのように成長した大人へ導き、充実した人生を送れるようにするのかを考えることは、人間・子どもを対象とする教育学（学問）としての根底をなすものである。

　狭義の意味では、教育方法とは子どもの成長を援助するとともに、教育の目的を実現するために、教育内容を効果的に子ども（学習者）が理解し達成できるようにする指導の仕方や具体的な手立てのことである。学習指導法と同一に用いる場合が多いが、その領域は大きく、学習指導と生徒・生活指導とに分けられる。学校の授業はもちろんのこと、家庭や社会のあらゆる場面において、「教える－学ぶ」という行為は生じている。知識や技術をどのように身につけさせるか、やる気や意欲をどのように引き出すか、生活習慣やしつけの問題、価値観や態度の形成を促し自立を助ける活動など、それぞれの場面に応じた指導の仕方を考えることも、教育方法に関する働きかけ・行為である。

　とりわけ、学校教育では、授業における学習指導のあり方が問われる。教育方法の効果を上げるには、子どもの考え方・感じ方に対応し、その発達段階と関連づけて具体化していく必要があり、教育内容・教材に応じて有効な指導方法を用いることが必要である。子ども（学習者）が自

ら学ぶ能力を育成していくことが、教育の決め手であると言える。そのためには、教師が教材を媒介として教育内容を系統的に教え理解させ、記憶させること（内容知）にとどまらず、子どもの学び方（方法知）をも効果的に助けることが大切である。

第2節　教育方法の基本的立場

　ここで教育方法における学習指導の根本問題としては、大きく2つの立場が対立的に流れている。一つは教授中心の注入・教師主義の立場であり、もう一つは学習中心の開発・児童主義の立場である。言い換えると、教師の教授活動を中核にして考えるか、子どもの学習活動を中核にして考えるかの相違である。教育方法を一貫する根本的見地は、カリキュラム理論における教科カリキュラムと経験カリキュラムとの関係にも相似している。

1　教授中心の立場とその問題点

　教授中心の立場においては、子どもは学習において全く受容的立場に置かれるのである。実物を提示し、範例を与え、あるいは指示・声掛け（問いかけ）を行い論理的に説明するなど、その方法はさまざまであるが、児童生徒は知識・技能などをいわば外から注入されるわけである。この方法の主な特徴としては、反復練習によって基礎的な知識・技能を身につけさせることにある。読・書・算（3R's）の教育においては、教授中心の教育一般における役割が極めて重要である。教材の性質や学習者の成長段階によって、教授中心の注入、教師主義的教授は必要不可欠である。

　しかしながら、このような長所・不可欠性にもかかわらず、教授中心の立場が批判されるべき側面を持ち合わせていることも否みがたいとこ

ろである。注入・教師主義の教授法は、機械的・受動的性格のゆえに、それのみに依存する場合は、理解よりは暗記、思考よりは追随に偏り、その結果、自主的に考え学ぶよりは、むしろ教え込みといった無批判に従うような態度を育成することが免れがたいものとなる。

2 学習中心の立場とその問題点

　教授中心の立場の方法を批判し、子どもの内からの開発を展開する立場が学習中心の児童主義である。教育史上、ソクラテス（Sokrates B.C. 469〜399）の問答法（産婆法）、プラトン（Platon B.C.428〜348）の対話法（メノン篇）など、少年自らに思考を内から展開させるようにしむける方法は、この立場の原型とも見られる。近世に入っては、ルソー（Rousseau, Jean-Jacques 1712〜1778）が当時の言語主義を痛烈に批判し、人間の自然・本性（Natur）の秩序に従って内から心的能力を開発することを強調した。このような思想を受けて、合自然（Naturgemäßigkeit）の教育を方法論的に徹底したのはペスタロッチー（Pestalozzi, Johann Heinrich 1746〜1827）である。その目指すところは、自然の順序に従い、易から難へ、具体的なものから抽象的なものへ進み、子どもの内から自律性・創意性を呼び覚まし、自学自習への道を開こうとすることにある。この立場では、教師の指導力や援助の方法的意義が重視され、かえって子どもの内からの開発は、教師の指導・援助の仕方によって決まるのである。

　しかし、本来、内からの開発を主眼とするその根本精神が見失われるところでは、単なる形式的な指導のみが展開され、開発方法は注入方法となんら変わりないものとなる。とかく形式的かつ機械的な指導・問答においても、教師中心の発問に終始し、時間を空費するのみで、子どもの活動は減退し、学習する主体者である子どもさえもおろそかにしてしまい、内からの開発を全面的に喪失してしまうことになる。

第3節 教育方法の歴史

 教育の方法は、教育の目的や目標などとともに、時代・国家・社会によって種々の様相を呈し、いろいろと変化してきた事実がある。そこで、教育方法の歴史を見てみることとする。

1 教育方法の芽生え

(1) ソクラテス

 ソクラテスは、古代ギリシャにおける哲学者の祖、教育者として名高く、ソフィストと呼ばれる一群の職業教師団が青年に施す単純な知識注入主義の教育方法を批判した。彼は、青年を真理の探究へと導くために問答法(産婆術)、すなわち対話によって相手にまず「無知の知」を自覚させ、真理を生み出していくことを助ける方法を用いた。これはソクラテスが相手に対して、ある何かを一方的に教えようとするのではなく、問いかけることを主にして共に考え、真理へと到達することを助けることにより、自らの力で絶対的真理に導いていこうとするものであった。この対話法は、現代における教師の発問と、それに対する子どもの応答という過程を通して学習を進めていく問答法の原型・始原とも言われる。また対話法は、子どもの内からの自発的発達を援助する教育のことであり、近代の教育方法の根源ともなっている。

(2) コメニウス

 コメニウス(Comenius, Johann Amós 1592～1670)は、チェコのモラヴィア生まれの感覚論者の代表でもあり、近代教育学の祖と称され、「教えること」の体系化を試みた人物である。彼は、その著書『大教授学』(1657年)において、「どんなことでも生徒自身の感覚を通して教えてやること」という直観主義の立場を明確に表示した。

 『大教授学』において、彼は「あらゆる人に、あらゆる事柄を教授す

る、普遍的な技法を提示する大教授学」を構想した。教授についての原則（37原則80法則）がまとめられているが、この法則は単に「教え方」にとどまらず、学校制度をも含む学校教育の全体像を構想するものでもあった。

コメニウスは、『大教授学』の他にも、感覚を通じて事物に迫るという教授の原理に基づいて、世界最初の絵入り言語入門教科書として有名な『世界図絵』(1658年)を著した。これは、彼の直観主義の教育方法を教材として具現化したものである。

(3) ルソー

ルソーは、スイスのジュネーブに生まれ、18世紀初期の啓蒙思想家の一人であった。教育についての考察も、フランス革命前に当たる変革期に向けての啓蒙思想であり、必ずしも教育方法だけに向けられたわけではない。彼は、当時の教育が人間の自然に反しており、人間を発達させるのではなく、むしろ堕落させているにすぎないと考え、主著『エミール』(1762年)を通して「子どもの発見」を強調し、教育の真のあるべき姿を明らかにしようとした。

ルソーは、教育の内容は子どもの発達段階によって規定され、その発達の各段階には、それぞれの固有の力（幼児期：身体、少年期：感覚、青年前期：理性、青年後期：心情）による統一があり、それに対応した教育方法が必要であると主張した。そこで彼が強調するのは「自然による教育」である。『エミール』において、「これが自然の法則なのである。なぜこれに逆らうのか」など自然主義による教育方法の考え方が、いたるところに見られる。これは、人間の潜在的な能力や器官の内部的発達を表し、個々の子どもが持っている自然・本性として重視した。また教師については、「自然の意志の執行者」でなければならないとし、内部的発達の使い方を教える「人間による教育」を通して、子どもに働きかけたり、影響を受けたりしながら経験として獲得される「事物による教育」を位置づけた。

こうしたルソーの教育思想は、子どもの自然、本性（人間の成長力・本源的状態）、自由を極めて尊重する立場にあるため、「消極教育」と捉えられる。さらに、自然主義の教育方法に関連して、子どもの経験や実物、発達に即する教育を重んじることも、ルソーの教育方法における主要な原理になっている。

2　教育方法への自覚

(1) ペスタロッチー

　ペスタロッチーは、スイスのチューリッヒに生まれ、産業革命や市民革命による内戦で、孤児や貧困にあえぐ家庭の子どもを対象に、スイス各地で教育実践を展開した教育者である。社会の最下層において虐げられている子どもたちの救済のために、犠牲的な献身と愛をもって教育活動に取り組み、教育の聖者ともいわれる。

　ペスタロッチーは、ルソーの「自然による教育」思想の影響を強く受け、人間発達の合自然（順序・発展的状態）に従い、その自発性を尊重することを教育方法の基本原理とした。もともと人間は、自らを発達させようとする衝動を内に秘めている。この自然・本性（Natur）の自己発展に援助を行う技術が必要であり、その人間教育の方法として「メトーデ」（Methode）がある。それは直観の原理をあらゆる認識の絶対的な基礎とし、個々の認識は必ず直観から出発すべきであるとしている。このような教育の方法を具体的に進めるに当たって、彼は、言語の代わりに、こうした感覚的経験として、直観が全ての教授の基本にならなければならないと考えた。

　直観は常に対象を感覚的印象として受け入れるが、認識・思考するうえで自己活動によって初めて明晰な概念まで高められるのである。彼は人間の諸能力を精神力（頭）・心情力（心）・技術力（手）に分け、それらの調和的発達を図ることが教育の目的であると考え、互いに関連させることによる道徳・宗教的な心情力の陶冶を中核にした。その発達のため

には、家庭における母と子の関係に芽生える情感を基本に置き、「幼児の環境にあるいっさいの事物は、思考の刺激として役立つ」(『ゲルトルート教育法』1801年) とした。このような感覚・感性を通して、認識した事物を思考により明晰に概念化することを重視した。ペスタロッチーは、人間の認識の機制である「数・形・語」(直観の 3 要素) を基本的要素であるとし、これらの認識が直観教授の出発点であるとした。

ペスタロッチーにおける主体的な人間を形成することや、子どもの経験や自己活動を重視する教育方法は、感覚・感性・直観に基づき事物に即して認識の発達を促す「開発主義教授法」として、20世紀の新教育運動や日本の教育改革においても受け継がれている。

(2) ヘルバルト

ヘルバルト (Herbart, Johann Friedrich 1776〜1841) は、ドイツのオルデンブルクに生まれ、教育学者としてペスタロッチーの教育方法論をさらに発展させた。彼は、やがて『一般教育学』(1806年) を著し、教育の目的を倫理学に、方法を心理学に求め、体系的教育学を構想した。その内容は、知識習得と人格形成とを共に可能にする教育的教授の方法であった。教育の目的である道徳的品性の陶冶の実現に向けて、教育の方法には「管理」「訓練」「教授」の 3 つの機能が含まれる。

ヘルバルトは「教授の無い教育などというものの存在を認めないし、逆に、教育の無いいかなる教授も認めない」として、教育の目的と教育方法の核となる「教授」との関係を明示した。すなわち、「教授」は単なる知識や技術を伝達するだけではなく、それによって教育されなければならないのである。「教授」では子どもの多面的な興味を重視し、対象に関心を集中・没頭する「専心」から、習得した表象 (事柄・内容) を既知と関係づけ統合する「致思」の段階へと到達されるため、明瞭―連合―系統―方法という 4 段階の教育的教授のプロセスを構想した。

ヘルバルトの 4 段階教授は、その後ヘルバルト派と称される人々により、いっそうの発展を遂げた。その一人ツィラー (Ziller, Tuiskon 1817〜

1882）は、ヘルバルトの「明瞭」の段階を2つに分け、「分析－統合－連合－系統－方法」とし、またライン（Rein, Wilhelm 1847〜1929）は、「予備－提示－比較－総括－応用」に分けた。これらの形式的段階は「5段階教授法」として知られる。

このような教育方法は、当時の教育界に多大な影響を与えたが、全ての教科学習に一様に適用されるようになり、後に形式主義の弊害を生むことにもなった。

(3) 新教育運動の教育方法

近代学校が成立・普及し、一定の定着を見た19世紀後半から20世紀初頭にかけて、旧来の教師中心の画一的で知識注入主義の教育に対し、子どもの個性、自発性の重視など、子ども中心の生活や学習に着目した教育思想や教育実践は、世界的規模の新しい教育運動となった。いわゆる新教育運動である。「児童から」（vom Kinde aus）、「児童の世紀」（The Century of the Child）等の言葉をスローガンに掲げ、学校教育を捉え直す動きが展開された。ヨーロッパでは、アボッツホルム（Abbotsholme）等の田園教育塾、手工活動・仕事と学習を結び付けた労作教育、芸術による人間形成を目指した芸術教育運動、それにアメリカの進歩主義教育などがある。このような新教育運動の背景には、工業社会化と都市化が進行しつつある社会の変革期にあって、新たな時代の人間像の要求とともに、来るべき社会を切り開いていく世代を育成する課題も提起されている。

(4) デューイ

デューイは、プラグマティズムの立場に立つアメリカを代表とする哲学者であり、児童中心主義・経験主義を導入したアメリカ新教育運動の中心的役割を担った教育学者でもある。子どもの生活経験を重視して「児童の現実の生活」を教育の出発点とし、教育方法を研究するうえで子どもの興味・関心を尊重し、自発的な活動を重視する学習を提唱した。彼の著書『学校と社会』（1899年）によれば、教育は「経験の意味を増し、また後に続く経験の過程を導く能力を増加するところの経験の再構造化

ないし再組織化である」と述べている。つまり、教育とは「経験の再構成」の過程であるとし、生活に結合した知識や技術を作業・仕事（occupation）などの具体的な経験で学ぶ「生活経験カリキュラム」を編成することにある。

そのカリキュラムは、裁縫、織物や工作、料理などの作業・仕事によって構成されるが、これらの生産的な活動を通して、技能だけでなく関連した知識を獲得し、また協同して取り組むことで社会的な発達も図られる。デューイは、学校を社会と関連づけた実験学校「シカゴ大学附属小学校」を設立し、子どもたちを民主主義社会の形成者とする教育の実現に努めた。

第4節 教育方法の種類

教育方法の理論に基づき、さまざまな学習指導の方法が考案され、それを選択・活用し、よりよい学びや授業実践が構想されている。学習指導の最適化を考慮したうえで、子どもの学習内容・理解の定着、効率を図るということだけではなく、子どもの人間形成や豊かな学習経験を育むことが重要である。ここでは、代表的な学習指導の方法を取り上げ、その概要・特徴を述べる。

1 問題解決学習

前述したように、デューイにおいては、教育の目的は子どもの経験の絶え間ない再構成にあると考えた。その中核は子ども自身による問題解決の思考過程であり、この探究の過程は反省的思考（reflective thinking）とも呼ばれるものである。問題解決のプロセスは、「困惑－知的整理－仮設－推論－検証」となる。

問題解決学習は、子どもを中心にしてその傍らに立ち、具体的な場を

形成している諸条件の中から最適の方法を生み出すという考え方に基づいている。この方法は、次のような特徴を持っている。

①問題的事態や状況をいかに切り開いたらよいかという、主体的な実践力の形成に重点を置いた学習である。

②学習の推進力は、子どもの活動に置かれる。子どもの活動は、単なる頭の中だけでの活動ではなく、生活場面の中での活動である。しかも、個人と集団との相補性の原理に立ち、学習者はグループをつくり、共同思考や共同活動を行うことが奨励される。

③問題解決学習における問題が、教育的なものであるために、諸条件の制約を解きほぐして考えることが必要である。そのために教師は、子どものぶつかる問題の系列、子どもの成長過程、地域社会の状況などの把握を重視する。また、問題意識を持たない子どもに、問題意識を持つようにさせる方策を考える必要がある。

2 プロジェクト・メソッド

問題解決学習の典型的な様式の一つは、デューイから影響を受けたキルパトリック（Kilpatrick, William Heard 1871〜1965）が考案した「プロジェクト・メソッド」である。彼は、デューイの方法理論をさらに発展させる形で研究し、「生徒が計画し、現実の生活において達成される目的を持った活動」で、子どもたちの目的設定、計画、遂行、評価の活動を行わせ、生産や生活の向上を目指す教育や単元学習を志向した。つまり、学習者自身の目的意識・課題意識を出発点とし、それが学習活動に内発性を与え、学習それ自体の成就を確かなものにする。さらに、学習者にとっては、自らの行動的展開や自発性を促進し、興味の発展や態度形成にまで及ぶ統合されたものになる。こうした形式方法は、戦後の問題解決学習や今日の総合的な学習における教授法の基盤になっている。

3　発見学習

　アメリカの心理学者ブルーナー（Bruner, Jerome Seymour 1915～）が提唱した教育方法が発見学習である。1960年のアメリカにおいて、彼は経験主義の教育を批判し、「教育内容の現代化」運動を展開した。彼は著書『教育の過程』（1960年）の中で、「どの教科でも、知的性格をそのままに保って、発達のどの段階のどの子どもにも効果的に教えることができる」という仮説を提唱した。発見学習とは、教師による一方的な知識体系の伝達ではなく、子どもたちを科学上の発見と同様の思考過程に参加させることで、知識体系の概念や規則性を発見させる学習方法である。すなわち、学習者がすでに出来上がった知識体系を学ぶのではなく、知識が生成されるプロセスに参加して、それぞれの事項についての関係や規則性、あるいは法則性などを自ら発見していく学習方法である。そのため、学問や文化の基本的な概念や原理である「教科の構造」が重視された。このように、学習者自身が課題設定をして仮設・検証する発見や解決をしていける方法にその意義がある。

4　完全習得学習（マスタリー・ラーニング）

　アメリカの教育心理学者であるブルーム（Bloom, Benjamin Samuel 1913～1999）は、「どんな学習者でも、十分な時間と適切な教授が与えられれば、どんな学習課題も習得可能である」という完全習得学習を提唱した。学習単元ごとの教育目標を設定し、単元の学習指導に入る前に、一人ひとりの子どもが単元学習の前提となることを習得しているかどうかを診断評価して、その状況を把握しておくことが大切である。また、学習の過程で行う形成的評価を実施して目標の達成度を評価し、未達成であれば学習者にとって必要な手当て（指導計画の変更、学習指導の見直し、補習学習など）を行い、全ての子どもが教育目標を達成できるように配慮した。

【引用・参考文献】

乙訓稔編『幼稚園と小学校の教育——初等教育の原理〔改訂版〕』東信堂、2013年

佐藤学『教育方法学』岩波書店、1996年

根津朋実・吉江森男編『教育内容・方法』(教職シリーズ3) 培風館、2010年

林邦雄・谷田貝公昭監修、中野由美子・大沢裕編著『子どもと教育』(子ども学講座5) 一藝社、2009年

長谷川榮『教育方法学』協同出版、2008年

(中島朋紀)

第8章　日本の教育制度

第1節　教育制度の基本原理

1　学校教育制度の変遷

(1) 学校制度の創設

　日本の近代教育制度は、1872（明治5）年に学制が発布されたことから始まる。学制の理念については、発布前日に出された「学事奨励に関する被仰出書」において述べられており、その内容は、国民皆学、受益者負担、実学主義、立身出世の4つの事項から成っている。つまり、男女や身分に関係なく、これからの日本に必要な学問を修めれば、出世という個人にとって有益な形となって還元される。だから、必要な授業料は個人で払うというものである。特に立身出世の考え方は、学制と同じ年に出版された福澤諭吉（1835～1901）の『学問のすゝめ』の影響が大きいとされている。

　日本の近代学校制度は、フランスを参考に整備された。日本全国を8つの大学区に分け、合計8校の大学を置く。そして1つの大学区を32の中学区に分け、それぞれに中学を置き、全国で256の中学校が必要となる。さらに1つの中学区を210の小学区に分け、それぞれに小学校を置くと、全国で256×210＝53,760の小学校を設置するという計画であった。この計画によると、小学校は600人に1校、中学校は13万人に1校という数字になり、現在の小学校の数が2万をわずかに上回っている程度であることからしても、この案がいかに机上で考えられたものかがうかが

える。また、授業料の受益者負担や、児童の就学による労働力不足は、各家庭において経済的負担を強いるものであり、三重県や岐阜県で焼き討ち事件などが起きたことからも、国民に受け入れられたとは言い難い状態であった。

(2) 義務教育の成立過程

学制以降の課題の一つに、小学校の就学率がある。国民皆学が規定されたものの国民には受け入れなかったこともあり、学制後の小学校制度の整備は、就学率を上げることと同時に、教育年限・義務性・無償性をどのように規定していくのかがポイントとなった。

まず、1886(明治19)年の小学校令において義務という文言が加えられたことにより、義務教育が成立する。しかし、授業料は受益者負担ということで有償だったため、就学率は70％前後までしか上昇しなかった。その後、1900(明治33)年の第3次小学校令において授業料が無償になったことで、5年後の1905(明治38)年における就学率は95.6％という数字に至ることとなった。さらに、1907(明治40)年には尋常小学校の年限が6年に延長されたのに伴い、義務教育年限も6年となった。

(3) 学校教育の整備・拡充（中等教育の拡充）

学制では、小学 - 中学 - 大学という1つの学校系統しか想定されておらず、1881(明治14)年の「中学校教則大綱」制度により、小学校中等科修了から中学校そして大学へ進む系統が作られた。明治後期以降、近代化が進められるにつれ、さまざまな職業に対応する労働力が必要となり、それぞれで求められる教育力の違いが中等教育の多様化をもたらした。それは1899(明治32)年に「実業学校令」「高等女学校令」「中学校令」が公布されたことに表れている。実業学校は、工業、商業、農業などの実業に従事する者にすぐ必要となる教育を授ける場として設けられた。また、女子の教育要求に対応して高等女学校が設けられ、良妻賢母主義に基づく家政・裁縫・修身などを重視した教育が行われた。一方、これまで尋常中学という名称だった中学校は、上級学校への進学を目

指す学校として位置づけられていく。

(4) 高等教育制度の拡張

高等教育に関しては、1894(明治27)年に「高等学校令」、1903(明治36)年に「専門学校令」が相次いで制定された。専門学校の入学資格は、中学校もしくは修業年限4年以上の高等女学校の卒業生とされ、修業年限は3年と規定された。当時、私立の大学設置が認められていなかったため、専門学校が高等教育を授ける場となった。その後、大正期にかけて大学への進学熱が高まると同時に高等教育機関の拡張が求められ、1918(大正7)年の大学令により私立大学の設置を認めたことで、多くの専門学校が大学へ昇格していくこととなる。

2 戦後の学校教育制度

(1) 一条校

戦後の学校制度は、戦後すぐに制定された1947(昭和22)年の「学校教育法」第1条において「この法律で、学校とは、小学校、中学校、高等学校、大学、盲学校、聾学校、養護学校及び幼稚園とする」と規定された。特徴的なのは次の2点である。1点目は、戦前の義務教育が小学校の6年間だったのが、戦後は小学校6年と中学校3年の計9年間と拡充されたことである。2点目は、戦前の中等教育において明治後期以降、実業学校、高等女学校などが広まっていたのに対し、高校というものに集約されたことである。これはヨーロッパ諸国で広まっていた統一教育運動の影響が及んでいる。また、記述方法からいうと、幼稚園が最後に書かれていることが戦後との相違点となる。こうして、6-3-3-4の基本的な学校体系が作られ、そのうち最初の6-3の部分が義務教育とされ、社会的・教育的ニーズに合わせて何度かの改正が行われ、現在に至っているのである。

(2) 高等専門学校

戦後の高度経済成長を背景に、理工系人材の需要拡大の要望が高まっ

た。そのため、1961（昭和36）年に実践的技術者の養成を目指し、中学校卒業者を入学資格とする5年制の高等教育機関として、高等専門学校が学校教育法改正により一条校として制度化された。

(3) 特別支援学校

戦前においては、障害児を対象とする学校として盲学校、聾学校が各種学校という位置づけで存在していた。戦後になると盲学校、聾学校に加え養護学校が規定され、さらに養護学校は対象により、知的障害養護学校、肢体不自由養護学校、病弱養護学校に分類されていた。また、当時の社会的事情により、養護学校への就学義務の実施は1979（昭和54）年まで待たなくてはならなかった。

2000年代になると、「特殊教育」という言葉に変わり、「特別支援教育」という、障害のある子どもの自立や社会参加に向けた主体的な取り組みを支援する視点に立った考え方が広まっていく。そして一人ひとりの教育的ニーズを把握し、その持てる力を高め、生活や学習上の困難を改善または克服するため、適切な指導および必要な支援を行うものとされた。

このような流れを受けて、2006（平成18）年6月に特別支援学校が学校教育法第1条に規定されたことにより、一条校として位置づけられた。これにより、障害のある幼児・児童・生徒に対する支援が統一的に再編成され、障害児の学校制度が充実されていった。

(4) 中等教育学校

中等教育学校は、従来の中学校、高等学校の制度のほかに、生徒や保護者が6年間一貫のカリキュラムで学ぶ機会を選択でき、生徒一人ひとりの個性をより重視した教育の実現を目指すものとして、1998（平成10）年6月の学校教育法改正により、一条校の一つとして加えられた。中等教育学校の教育課程については、前期課程は中学校の基準を、後期課程は高等学校の基準をそれぞれ準用するとともに、中高一貫教育校として特色ある教育課程を編成することができるように教育課程の基準の特例

を設けている。そして中等教育学校への入学については、設置者の定めるところにより校長がこれを許可することとし、この場合、公立の中等教育学校においては学力検査を行わないこととされている。中等教育学校は、今後、さらに多く設置されるものと考えられている。

(5) 一条校以外の学校

学校教育法第1条で規定されている以外にも、私たちの周りには学校が存在しており、それぞれの学校が満たしている要件の違いにより「各種学校」「専修学校」「大学校」などと呼ばれている。

一条校以外の学校は、ある時期まで全て「各種学校」と区分されていた。しかし1976(昭和51)年に専修学校法が制定され、「職業若しくは実際生活に必要な能力を育成し、又は教養の向上を図ること」も目的とし、この法の設置基準を満たす学校は専修学校あるいは専門学校と位置づけられ、職業選択に直結する実践的な教育が行われている。新たな動きとして、2014(平成26)年度から専門学校のうち、企業等と密接に連携して、最新の実務の知識・技術・技能を身につけられる実践的な職業教育に取り組む学科を文部科学大臣が「職業実践専門課程」として認定することになっている。

各種学校は一条校ではないが、学校に類する教育を行い、専修学校の規定や、他の法律に特別な規定がないものがこれに当たる。例えば、インターナショナルスクール、予備校、自動車学校などがそうである。

また、文部科学省以外の省庁が管轄し、一条校ではないが学位を授与することができる「大学校」が存在する。これに当てはまる学校として防衛省の「防衛大学校」、気象庁の「気象大学校」などがある。

第2節　今後の教育制度の課題

社会や経済あるいは国民の意識の変化に伴い、今後新たな対応が求め

られる教育制度について考えてみる。

1　6-3-3-4制の見直し

　戦後の学校制度は、長いこと6-3-3-4制を崩すことなく進められた。しかし昨今の「小中一貫」「中高一貫」などの一貫教育の出現や、小学校6年と中学校3年の9年間という「義務教育年限の見直し」が迫られていることから、根本的な改革を求める声が高まっている。

　一貫教育についていえば、「中1ギャップ」や「高1クライシス」などの問題を解決するものとして「中等教育学校」がすでに一条校として制度化されている。また、「小中一貫」学校として「義務教育学校」も一条校に加えられることが、2015（平成27）年度においてすでに検討されている。さらに2015年、東京都教育委員会は、「都立小中高一貫校」を2022（平成34）年度に設置することを発表した。この学校では12年一貫教育を行い、英語教育を重視し、世界で通じる語学力と国際感覚を有したグローバル人材を育成するとのことである。また、4-4-4制の教育体系をとり、普通では9年で終える義務教育内容を8年で終わらせ、残りの1年を留学に当てることも検討されている。

　一貫教育に対しては、これまでの教育問題を解決するものとして期待する声が高まっているが、「人間関係の固定化」「学力差」「中だるみ」のようなデメリットも懸念される。また、さまざまな一貫教育が出てくると、学校間接続（アーティキュレーション）においても問題が生じる可能性が出てくる。特に、公立における一貫校においては選抜方法も重要な課題となってくる。公に開かれているはずの公立学校が、希望する人全員が行けないどころか、行ける人がごく少数に限られてしまうなどの問題点については、今後のあり方が問われている就学前教育制度とともに検討する必要がある。

2 就学前教育制度の再編

(1) 幼保一元化

　戦後の小学校入学前の子どもに対する教育施設は、文部省（当時）が管轄する幼稚園と、厚生省（当時）が管轄する保育所の二元体制で整備された。戦前から一元化の声はあり、戦後も統合化への話し合いなどがもたれたが、実現するには至らなかった。

　しかし、少子化や待機児童の問題、あるいは共働き世帯の増加など、近年の就学前の子どもや家庭を取り巻く環境の変化が著しく、それに合わせて行政側も、施設の共用化など効率的に対応することが必要とされた。この流れを受けて、2006（平成18）年に幼稚園と保育所を統合した認定こども園が設立された。そして2015（平成27）年4月より子ども・子育て支援新制度がスタートし、一元的窓口として子ども・子育て本部が内閣府に設置された。新制度の目的は、①親の就労の有無にかかわらず多様な支援を用意し、2人目、3人目の子どもも安心して子育てができるようにする「量」的支援と、②職員一人が担当する子どもの数を改善して子どもたちに目が行き届くようにし、職員の給与や研修を充実させるなどして、より質の高い人材の確保を目指す「質」的支援、の両面から子育てを支えようというものである。

(2) 幼保小連携から5歳児の義務教育化ならびに無償化へ

　認定こども園の設置、子育て支援新制度の成立により、就学前の教育・保育の制度の再編がされてきたが、現在、小学校に就学したばかりの子どもたちが学校という新しい環境になじめず、さまざまな問題行動を起こすという「小1プロブレム」と呼ばれる状況が生じている。その解消のため、幼小連携の試みがなされ、現在では保育所も含めた幼保小連携の取り組みを行っているところがある。そして、その次の段階の制度として議論されているのが、「5歳児の義務教育化」と「5歳児教育の無償化」である。現時点では、該当する子どもの就学年齢を一律引き下

げるのか、それとも個人の状況に合わせることができるよう就学年齢を弾力化するのか、あるいは現行制度のままとするなど、さまざまな声が上がっている状況であるが、財源ならびに義務教育制度全体を見通しての検討がなされていくことであろう。

3 人口動向と教育

今日の教育制度は、第二次世界大戦直後に制定され、現在まで継続されているものが多く存在している。しかし人口動向を見れば、大戦直後と現在では明らかに変化が生じている。まず、総人口の減少で、子どもの人口減も顕著である。そのため地域によっては、少子化の影響で学校の統廃合が進み、それに伴う通学区域の拡大により、徒歩での通学を維持するのが難しい状況が生じている。一方、大都市圏においては、人口の増加が見られることである。東京などの大都市圏では待機児童問題が深刻化しており、地域によっては小学校を新設する所も出てきている。このように、これからの教育制度のあり方は全国一律の対応ではなく、地域の実情に応じた対策を講じる必要がある。

4 学校選択制度

市町村教育委員会は、市町村に2校以上小学校あるいは中学校がある場合は、公立小学校あるいは中学校へ就学予定者の保護者に対し、就学校と入学期日を通知する。就学すべき学校の指定については、その指定が恣意的に行われたり、いたずらに不公平感を与えたりすることのないよう、市町村教育委員会があらかじめ通学区域を設定し、これに基づいて学校を指定している。しかし、学校教育の停滞や横並び意識の改革を意図して、保護者による積極的・能動的な学校選択が目指された。

文部省（当時）では、各市町村教育委員会において、地域の実情に応じ、保護者の意向に十分配慮した多様な工夫を行うことができるよう、1997（平成9）年の「通学区域制度の弾力的運用について」が通知され、

これを契機に学校選択制度の導入が進められた。

このような取り組みの結果、2012(平成24)年10月現在、学校選択制が、小学校・中学校とも約15％の自治体で導入されるなど、各市町村教育委員会での創意工夫が見られるようになってきている。しかし、80％のところが実施も導入も検討しておらず、杉並区のように23区では初めて2016(平成28)年度に学校選択制を廃止する動きも現れ、見直しの議論も始まっている。

今後は、学校選択制のメリット・デメリットを十分検討し、地域の状況に応じた対応が求められることとなる。

【引用・参考文献】

小川正人・岩永雅也『日本の教育改革』放送大学、2015年

教育制度研究会編『要説 教育制度』学術図書出版社、2004年

窪田眞二監修『平成27年版 最新の教育課題50』学陽書房、2015年

柴田義松・斉藤利彦編『教育史』学文社、2005年

浪本勝年編『教育の法と制度』(教師教育テキストシリーズ) 学文社、2014年

水本徳明編著『図解でマスター！ 実践教育法規2014』(『総合教育技術』7月号増刊) 小学館、2014年

内閣府子ども・子育て本部ホームページ　http://www8.cao.go.jp/shoushi/index.html（2016年1月10日現在）

文部科学省ホームページ　http:/www.mext.go.jp/（2016年1月10日現在）

(林　直美)

第9章　世界の教育制度

　世界の教育制度といっても範囲が広く、世界の全ての地域の教育制度を見ていくことは難しい。ここでは、単線型教育制度の代表としてアメリカ、分岐型教育制度の代表としてドイツを取り上げることにする。

第1節　アメリカの教育制度

1　アメリカ教育制度の概要

（1）制度的特徴

　アメリカ合衆国（以下、アメリカと記述）は連邦制国家であり、合衆国憲法には教育についての明示的な規定はない。また、連邦政府は教育に関して明示的に委任された権限を持たない。教育は各州に留保された権限の一つとされ、それぞれの州において多くの裁量が認められながら公教育制度は整備された。学校の種類も、日本のように6-3-3-4制で区切られているわけではない。ただ、就学前教育についてはキンダーガルテン（kindergarten）と呼ばれるクラスで行われるのが一般的である。キンダーガルテン（通称Kクラス）とは小学校第1学年に上がる前の段階のクラスを指し、主に小学校に併設されていることが多い。つまり、Kクラスから第5学年、第6学年までが「小学校」という位置づけとなっている。「幼稚園」として独立した園舎があり、「幼稚園卒園（保育所卒園）から小学校入学へ」という区分がある日本とは制度的に異なっている。
　現代アメリカの公教育が抱える課題の一つに、依然として残る人種差

別や教育・経済格差の拡大、児童生徒の低達成などがある。そこで、2002年に "No Child Left Behind Act of 2001"（子どもを置き去りにしない法）が成立し、州が設定した教育達成などの基準に対する成果・結果に対して厳しいアカウンタビリティが求められるようになった。現在では、各州で実施されている統一テストの結果と、年度ごとに設定された数値目標の達成度が、学校別にweb上で閲覧できるようになっている。事後評価としての数値化された成果が「報酬と罰」によって管理されることで、学校での学習が統一テストの準備教育となり、学校が序列化されてしまうような危険性をはらんでいる。

(2) 教育政策：頂点への競争

2009年1月より発足したオバマ政権下における教育政策の一つに「頂点への競争 (Race to the Top、以下 RTTTと記述)」がある。これは、連邦補助金の獲得を望む州に対して、求められている4つの項目について案を出すことを要求し、成果が期待できると評価された州が、その報酬として連邦補助金を獲得できるという政策である。

4つの項目とは、①スタンダードと評価システム、②データシステムの構築、③教員政策、④ターンアラウンドである。①は、学校在籍中だけでなく、入職後においても成功できるような基準と評価システムを構築すること、②は、子どもたちの成果を測定することと、教員などが自身の教育実践を省察するためのデータを構築すること、③は、適材適所、必要な場所に有能な教員・校長を配置することや、十分な教員養成・研修を促進すること、④は、成果が出ない学校や低達成が続く学校を、閉鎖または転換することである［USDE, 2009］。これらの項目について、各州は連邦補助金を獲得するために、一貫性や実現可能性が高い優れた改革案を提出しなければならない。これまでは、連邦が主導的に教育について改革を推し進めてきた一方で、RTTTでは、各州がそれぞれ抱える事情や地域住民の教育ニーズを勘案した現場からの案を土台として、良い改革や教育実践を広げていこうとする改革の方向性がうかがえる。

2　多様化する学校・教育制度

(1) ヘッドスタート

　先述のとおり、アメリカの教育をめぐる大きな問題の一つが教育の格差の拡大であり、その是正・改善が喫緊の課題である。そのための一つの政策に、ヘッドスタート（Head Start）プログラムと呼ばれるものがある。この政策は、主に1960年代のジョンソン政権から導入されたもので、危機的な状況（at risk）にいる子どもに対する就学援助政策の一つである。具体的には、危機的な状況にいる子どもは環境的に学習機会が剥奪されているという前提により、3〜4歳児の子どもたちへの幼児教育プログラムを実施することを通して、小学校以降の教育環境への適応や学習への円滑な滑り出し、学力格差拡大の防止などが期待されている。活動の内容としては、絵本の読み聞かせや、言葉遊び、日常的なコミュニケーションなど、保育実践としてなじみ深いものである。また支援の内容は、教育の他にも、予防接種や健康診断、マイノリティへの社会的支援など多岐にわたっている。

(2) チャータースクール

　チャータースクール（charter school）とは、1991年にミネソタ州で初めて法制化された新しい公立学校の形で、2014年時点では全米で6440校が運営されており、250万人以上の児童生徒が在籍している［edreformホームページ］。州ごとに制度的な相違が若干あるものの、チャータースクールとは主に以下のような特徴を有している。

　①誰でも設立・運営が可能である。
　②設立を認可する機関が複数存在する。
　③独自の教育目標の設定やカリキュラム、人事などについても多くの
　　権限が保障される。
　④税金で運営される公立学校であるので、入学者選抜や授業料の徴収
　　などを行わず、誰でも入学ができる。

⑤多くの権限が学校に付与される一方で、認可者から成果を上げていないと判断された場合は閉校となる。

つまり、チャータースクールとは公立学校であるために、公費で賄われるものの、州や学区などの公的機関からの制限の多くが免除され、自由な教育実践が実現可能となる学校であると言える。一般的な公立学校運営は州や学区が権限を握っており、その非効率的な学校運営が児童生徒の低達成や学力格差是正の弊害と批判が高まった結果として誕生した、いわば「私立学校のような公立学校」である。中には、芸術系科目に特化したチャータースクール、ドイツ語と英語のバイリンガル教育を重視したチャータースクール、難関大学進学を目指すチャータースクール、インターネットを活用し家庭での学習を主とするサイバー型チャータースクールなど、地域住民の教育ニーズに対応するようなサービスを提供することが制度的に可能となっている。

3　保育・幼児教育政策と課題

(1) 良いスタート、賢い育ち

アメリカの社会風土の特徴の一つとして、私的領域への公的関与を好まないという側面がある。子育てや乳幼児の養護・保育などは、基本的に保護者の権利と義務の下で行われるものと考えられており、公的関与は、社会経済的な困難にある状況など個人への社会保障政策として実施される場合が多い。子育て支援に関するニーズや幼児教育・保育に関するニーズに対しては、国家や州政府が主導的な役割を担うというよりも、民間団体が主にサービスの提供を行ってきた。州により、保育の基準や方向性、保育所の設置基準などが異なっていることもあり、極めて多様な保育制度となっている。現在では、連邦政府の学力向上や事後評価を強調した教育政策の潮流の中で、各州政府は、初等・中等教育段階のカリキュラムとの連続性やリテラシー（識字）教育の充実など、就学前教育・保育の再編に取り組んでいる。

その一つに、連邦政府の教育政策と並んで保育政策については、2002年の「良いスタート、賢い育ち（Good Start, Grow Smart. 以下GSGSと記述）」というものがある。GSGSでは、ヘッドスタートの強化、幼児に期待されることの明確化、教師の職能開発、研究支援と優秀な実践の普及、連携の促進、情報提供などの促進を州政府に求めている。

(2) 保育・幼児教育政策の課題

アメリカの保育・幼児教育政策の課題としては、基礎的な読解力や言語・計算能力などが幼児教育や保育の場でどのように形成され、評価されるのかという点と、乳幼児期の発達にとって適切かどうかという点である。確かに小学校以降の教育経験の中で、子どもたちは試験などによる客観的な指標によって評価され、それが子どもたち自身の進路選択や人生そのものに大きく影響を及ぼすことはあるだろう。しかしながら、幼児期の発達は極めて多様かつ個人差があるので、子どもの学びや経験について固定化された成果指標を用いて評価することは、豊かな保育実践の弊害にもなりかねない。

第2節　ドイツの教育制度

1　教育制度の概要

(1) 分岐型教育制度

ドイツは16の州から成る連邦制国家であり、アメリカと同様に、各州が教育に関する権限を有している。ドイツの教育は、「分岐型」と呼ばれる制度が大きな特徴である。就学開始年齢は6歳で、基礎学校と呼ばれる学校へ通う。義務教育は9年間であるが、中等教育をどのような種類の学校で過ごすかによって、高等教育へ進学できるか否かがほぼ固定化されてしまうような制度である。高等教育機関への進学を希望する場

合、ギムナジウム (Gymnasium) と呼ばれる種の学校へ通い、アビトゥーア (Abitur) と呼ばれる卒業試験によって高等教育機関への進学が決定する。ギムナジウムは9年間（10歳〜18、19歳で、最初の2年間は観察指導段階）の中・高一貫教育をする学校であり、基本的に大学進学を大きな目的としている。

　一方で、中等教育の時期にギムナジウムを選択しない場合は、基幹学校（ハウプトシューレ：Hauptschule）と呼ばれる中学校や、実科学校（レアルシューレ：Realschule）、総合制学校などを選択することになる。ハウプトシューレは5年制で、職人を目指すための学校である。修了後は実務経験をしつつ、18歳まで職業学校に義務として通学し、卒業後は職業訓練や見習いとして就職する者が多い。レアルシューレは6年制で、修了すると上級専門学校や高等専門学校などへの進学が可能となっている。そして総合制学校とは、上記の学校形態をまとめた学校であり、早い段階での子どもの進路選択がその後の人生を大きく決めてしまうことの批判により誕生した。

　また、ドイツ職業訓練制度の大きな特徴の一つに、デュアルシステム（二元制）がある。これは、後期中等教育段階で職業学校への進学をした際に、学校で理論的な学習をすると同時に、企業での実践的な職業訓練を並行して行うシステムである。このようなキャリア教育によって、後にマイスターなどのより高い職業資格の取得が可能となる。

(2) 分岐型教育制度の特徴と課題

　分岐型教育制度は、子どもたちの将来を「ふるい分ける」という点においては効果が高いと考えられている。ギムナジウムへ通った子どもたちは、アビトゥーア取得後に高等教育機関への進学を実現することで大学生の質は担保される。ギムナジウムを選択しなかった場合であっても、20歳に満たない時期に、およそ自分がどのような職業に就くのかという自身のキャリアについての教育・訓練を経験することで、職業とのマッチングは期待できる。

しかしながら、総合制学校が誕生した背景にもあるように、「ふるい分け」は児童生徒の早期選抜を引き起こす。また、中等教育段階がそれぞれ目的を異にしているために、途中での進路変更などが難しいという点も考えられる。日本のように、およそどのような種類の中学校や高校へ進学しても、高等教育機関への進学の可能性がある、いわゆる「単線型」の教育制度とは大きく異なる制度である。

2　ドイツの幼児教育・保育制度

(1) 福祉行政から教育行政へ転換する幼児教育・保育

ドイツの就学前教育・保育の源流は、親の目の行き届かない乳幼児を対象とする施設（乳幼児保護施設；Kleinkindbewahranstalt）や乳幼児教育の思想家であり実践家でもあったペスタロッチー（Pestalozzi, Johann Heinrich 1746～1827）やフレーベル（Fröbel, Friedrich Wilhelm August 1782～1852）の思想に基づく幼稚園（Kindergarten）などいくつかの源流がある。現在のドイツでは一般的に、就学前の子どもを対象とした家庭外通所施設は、法的には児童福祉施設として位置づけられており、福祉行政の管轄にある。一方で、義務教育開始以降の学校は、教育行政の管轄と区別される。そして、就学前教育・保育などといったいわゆる「福祉サービス」を選択するかどうかは、保護者の自由に任されてきた（バイエルン州のみ教育・研究に関する省の管轄）。主に3歳未満児がキンダークリッペ（Kinderkrippe）と呼ばれる保育施設に通い、3歳以上の子どもがキンダーガルテン（Kindergarten）と呼ばれる幼稚園に通うことが一般的である。キンダークリッペを利用する人口は1割程度とそれほど多くなく、伝統的に乳幼児の養護・保育は母親が担ってきた。

しかしながら、幼児教育の重要性の高まりやPISA（「国際学習到達度調査」）などの結果から、1993年には「1996年から3歳以上の全ての子どもに幼稚園に入園できる法的権利を保障する」ことが決定された。そしてドイツの教育改革の必要性が主張された大きな契機として、2000年の

PISAの結果がある。ドイツは、数学的リテラシーで21位、科学的リテラシーで21位、読解では22位という結果に終わった。この結果はドイツに大きな衝撃をもたらし、中には、子どもたちの4分の1が「機能的非識字」の状態で学校を卒業していると主張している研究もある［Huisken、2005など］。すなわち、子どもはテキストを文字として読むことはできるものの、内容を理解する力や内容をまとめる力が不足しており、さらにテキスト分析などはほとんどできない状態だという。

そのような状況を受けて教育改革を進めてきたドイツであるが、特に幼児教育・保育をめぐっては、2000年代初頭から「就学前領域と基幹学校への接続」や「早期教育の充実」、「幼稚園や基幹学校における科学教育、技術、外国語、音楽、創造教育の充実」などが提言された。ドイツは移民を多く抱える国であり、前出のPISAの結果によると、ドイツ人とドイツ国籍を有していない移民の間の学力・経済格差などが顕著であることが明らかになっている。社会経済的に困難な状況にいる子どもたちへの教育機会の保障や、充実した幼児教育実施へ向けた教育行政の積極的な介入という風潮が高まっている［国立教育政策研究所、2013］。家庭の社会階層と子どもの学習到達度には大きな相関があることが広く指摘されたことで、就学前教育への改善が強く求められるようになった。

(2) 幼児教育のための各州の共通大綱

2004年に、青少年大臣および文部大臣会議において「幼児教育のための各州の共通大綱（Gemeinsamer Rahmen der Länder für die frühe Bildung in Kindertageseinrichtungen）」が制定された。この共通大綱において、保育施設とは、①総合的援助、②生活に基づいた活動、③適切な参画の可能性を伴った、乳幼児教育のための有効な場所である、と定義され、保育施設は公的教育制度の不可欠な部分として位置づけられた［船越、2015］。保育のあり方については、総合的援助（ganzheitliche Förderung）、生活世界に基づいた活動、適切な参画の機会を提供することが乳幼児期の教育プロセスにとって有効であるという見解が出された。保育施設の教育的使

命は、一人ひとりの能力および学習準備の早期からの強化、子どもの探究欲求の拡大・援助・挑発、価値観の教育、学習することを学ぶことを援助すること、社会的脈絡における世界理解の促進である。

　また共通大綱では、子どもたちのホリスティック（全体的、全人的）な学習にとって有効なのが「プロジェクト活動」であると示された。なぜなら、プロジェクト活動は、子どもたちの生活世界に根ざし、彼らの興味・関心に結び付いた学習を展開できる。さらに、子どもたち自身の関与を促進し、創造の余地があり、チームワークを育て、失敗との建設的なつきあいを促すことができるからである。

（3）幼保一体型施設（KITA）

　現在の都市部において、幼児教育・保育実践の中心的な役割を担っている施設の一つにKITA（Kindertagesstätte）と呼ばれるものがある。保育所と幼稚園、学童保育の特徴を兼ねた施設であり、一つのクラスに異年齢の子どもたちが所属していることが多い。子どもがどれだけ利用するのかは、各家庭の状況や就労形態により大きく異なり、長時間の利用や4時間程度の利用も可能となっている。日本の認定こども園と特徴が類似する点が多い施設であると考えられる。そこでは、知的な教育、社会性を養う教育、そして多様な支援やニーズへのケアといった3つのバランスが求められており、幼児教育や保育の段階から知的な教育に重点を置く側面があるものの、共通大綱で掲げられているホリスティックな幼児教育・保育を実践する場として展開されている。

【引用・参考文献】

　泉千勢・一見真理子・汐見稔幸編『世界の幼児教育・保育改革と学力』明石書店、2014年

　北野秋男・吉良直・大桃敏行編『アメリカ教育改革の最前線——頂点への競争』学術出版会、2012年

国立教育政策研究所「諸外国における教育課程の基準——近年の動向を踏まえて」(教育課程の編成に関する基礎的研究報告書4　平成24年度プロジェクト研究調査研究報告書)、2013年

船越美穂「幼児期における民主主義教育（V）——シュレースヴィヒ＝ホルシュタイン州の保育施設における子どもたちの参画」『福岡教育大学紀要』第64号第4分冊、2015年、pp.153-162

Huisken, Freerk *Der "PISA Schock" und seine Bewältigung*, VSA-Verlag Hamburg, 2005

OECD, *Starting Strong II. Early Childhood Education and Care*, OECD Publishing, 2006

U. S. Department of Education (USDE), *Race to the Top Program Executive Summary*, 2009

（寶來敬章）

第10章　日本の教育の流れ

　この世に人間が存在するようになって以来、人間と教育という営みとの切っても切れない関係が始まった。狩猟の技術や農耕の方法など、生存するための技術は親から子へと受け継がれ、新たな技術が改良されては付け加えられた。このような文化の伝達と創造が教育の基本である。ここでは、日本の古代・中世、近世、近代、そして現代の教育までの流れを概観する。

第1節　古代・中世の教育

1　古代の教育

　厩戸王（聖徳太子）（574〜622）は、「十七条の憲法」を制定し、生まれながらにさまざまなことを知り尽くした人間はなく、よく心がけて聖人となっていくものだと、人間における教育の重要性について言及した。そして、「官位十二階」を定め、優秀な人材の育成と登用を行った。
　701年に制定された「大宝律令」により、都には大学寮、地方には国学が、官吏養成を目的とした教育機関として制定された。また、有力な貴族はしだいに、一族出身の官吏を多く輩出することで勢力の拡大を狙うようになり、私的な教育機関を設定するようになっていった。

2　中世の教育

　仏教がしだいに全国に広がり、多くの寺院が建立されるとともに、寺

院は、庶民に仏教を広めるための僧侶を養成する教育機関としての機能を果たした。中でも空海（773〜835）は、教育機関として他に綜芸種智院を設立し、庶民に入学を許可して総合的な人間教育を目指した。武士が新しい階層として台頭すると、家訓に従った教育が行われた。中世の教育機関としては、金沢文庫と足利学校が有名である。

第2節　近世の教育

1　江戸時代の教育

　江戸時代に入ると、徳川幕府は早くから学問を奨励し、近世朱子学の祖と言われる藤原惺窩（1561〜1619）や林羅山（1583〜1657）を招聘し、朱子学を幕府の官学とした。さらに私塾も開かれ、伊藤仁斎（1627〜1705）が京都に開いた古義堂、広瀬淡窓（1782〜1856）が豊後に開いた咸宜園、緒方洪庵（1810〜1863）が大阪に開いた適塾などがある。昌平坂学問所は林家の私塾であったが、幕府の公的な教育機関として、幕府直轄の学問所となった。また各藩には、藩士の教育を目的として藩校が設立されていった。

　近世に入ると、子どもは家とその共同体の子として意識されるようになり、特に商工業者の子どもには、家業を継ぐための教育的関心が注がれるようになった。庶民の教育においては、読み書き計算の初歩を授ける教育施設として寺子屋が設立された。寺子屋では、往来物といわれる教材の読み書きが一般的であり、内容は身近な生活に即したものであった。

2　江戸時代の教育思想

　江戸時代の教育思想として、中江藤樹（1608〜1648）は『翁問答』や『鑑

草』により、教育の必要性や、幼少期には幼少期固有の教育方法があることを説いた。貝原益軒（1630～1714）は『和俗童子訓』を著し、子どもの教育とその方法に関して具体的かつ体系的に論を展開し、子どもの発達段階に即した教育内容や方法の必要性などを説いた。石田梅岩（1685～1744）は商人の精神を説き、積極的な営利追求こそが商人の存在意義であるとした。彼の考えは石門心学として普及し、子どもの教育の可能性、子どもの善性を導く大人の役割についても言及した。大原幽学（1797～1858）は農民生活の指導者として、子どもの発達過程に即した教育のあり方を主張した。

第3節　近代の教育

1　明治の教育

　1872（明治5）年、わが国初めての学校制度についての規定である「学制」が頒布された。序文に当たる「学事奨励に関する被抑出書」には、明治政府の教育理念や趣旨が掲げられた。①立身出世主義を目指す個人主義的人間像の形成、②国民皆学、③実学主義的な学問の重要視、④教育費の民費負担などである。

　しかし、経済的基盤は変化がないにもかかわらず、費用面での負担が増えたり、従来までのように子どもを労働力として期待できなくなるなどの急激な変化のため、就学率は一気には上昇しなかった。

　このような画一的な「学制」に対して、人々の実情に合わせた教育の実施を目指し、1879（明治12）年「教育令」が発布された。教育に関する権利を地方に委譲することに伴い、「学制」の干渉主義が解かれたが、結果として就学率が下方修正されるようになった。そこで、それを是正するものとして、「改正教育令」が1880（明治13）年に出された。また、

明治以後の教育政策に対する明治天皇の意見として、侍講の元田永孚(ながさね)(1818～1891)が『教学聖旨』を著し、学制以来の知育偏重の教育に対して、仁義忠孝の道徳教育を中心とした教育のあり方を重視しなければならないとした。

初代文部大臣森有礼(ありのり)(1847～1889)は、1886(明治19)年「帝国大学令」「師範学校令」「中学校令」「小学校令」を出し、学校種別に法令を定めた。1895(明治28)年、日清戦争の勝利を機に日本における産業革命が興ると、優秀な人材が必要となり、義務教育年限を3年から4年へ、さらに1908(明治41)年には6年に延長し、就学率も90％を超えた。

しかし一方で教員養成が課題となり、近代的な一斉授業のための新しい教授法を学ばねばならなかった。そのため、アメリカ人スコット(Scott, Marion McCarrell 1843～1922)が招かれ、師範学校で教育に当たった。また、欧米の教育思想の影響を受けていたが、特に1890年代以降はヘルバルト(Herbart, Johann Friedrich 1776～1841)の影響を大きく受けた。

1890年代になると、ハウスクネヒト(Hausknecht, Emil 1853～1927)が来日し、ヘルバルト主義教育学の普及に尽力した。「明瞭」「連合」「系統」「方法」というヘルバルトの4段階教授法は、その後、5段階教授法として国定教科書の内容を教授段階に従って教えるという形態に寄与し、全国の教育現場に大きな影響を及ぼした。

幼児教育に関しては、1876(明治9)年、東京女子師範学校附属幼稚園が創設された。監事(園長)として関信三(1843～1880)、主席保母には松野クララ(1853～1931)が就任し、フレーベル主義に基づく恩物中心の保育が実践された。また、貧しい子どもの保護と教育を担うために、1900(明治33)年、野口幽香(ゆか)(1866～1950)らは二葉幼稚園を開設した。その後、二葉保育所と改称し、幼稚園とは別系統の施設として発展していく。

2 新教育運動

20世紀に入ると、人間の尊重や児童解放が盛んに唱えられ、日本でも

1890年代以降、画一化した注入主義の弊害が指摘されるようになった。樋口勘次郎（1872〜1917）は『統合主義新教授法』を著し、子どもを自発的に学習する主体として位置づける「活動主義」の教育を唱えた。また、谷本富(とめり)（1867〜1946）は欧米留学を機に『新教育講義』を著し、児童が自ら学ぶことの大切さを説いた。そして、本格的に欧米の新教育運動が日本においても展開されるのは大正に入ってからであり、主に師範学校附属小学校と私立小学校を中心としてであった。

　児童中心主義の影響は幼児教育にも現れ、自由主義保育やモンテッソーリ法の紹介や実践などが行われた。1926（大正15）年4月には「幼稚園令」が公布され、幼児教育への関心は広がりを見せる。倉橋惣三（1882〜1955）は、新教育の理論と実践を推進した。従来の恩物主義を改め、児童中心の自発的な遊びを尊重する保育を実践し、幼児の生活を指導する保育方法の理論（誘導保育論）を明らかにした。

3　大正自由教育運動

　1910年代以降、子どもの個性を尊重し独自性を認識する児童中心主義が理論化され、実践化されていった。兵庫県明石女子師範学校附属小学校において及川平治（1875〜1939）が中心となり、子どもの学習意欲を引き出させ自発的な学習を促すという観点から、学級教育と個別教育の利点を生かした分団式動的教育法が実践された。

　1919（大正8）年、千葉県師範学校附属小学校の主事として赴任した手塚岸衛（1880〜1936）は、同校で自由教育を実践した。教師の指示ではなく、子どもが自ら進んでやるという自覚に基づいた自学こそが重要と考え、子どもをあらゆる拘束から解放し、訓練や教授の場合にも自発的な活動を重視した。

　同じく1919（大正8）年に奈良女子高等師範学校附属小学校に主事として赴任した木下竹次（1872〜1946）は、子どもを学習の主人公として捉え、独自学習、相互学習、独自学習という学習形態を生み出した。また、子

どもが教科の枠にとらわれないで学ぶ「合科学習」も生み出した。1917（大正6）年、沢柳政太郎（まさたろう）（1865～1927）を校長とする成城小学校が設立され、その後も次々と、小原国芳（1887～1977）の玉川学園、羽仁もと子（1873～1957）の自由学園、西村伊作（1884～1963）の文化学院、野口援太郎（1868～1941）、野村芳兵衛（1896～1986）による池袋児童の村小学校など、新教育を標榜する私立小学校が設立され、独自の教育観に基づいた教育が実践された。

4　芸術教育運動

　芸術教育運動は、画一的な教育から子どもの心を解放しようという動きであった。1918（大正7）年、夏目漱石の門下にあった鈴木三重吉（1882～1936）が、子どものための文芸雑誌『赤い鳥』を創刊した。北原白秋（1885～1942）、小川未明（1882～1961）、芥川龍之介（1892～1927）、山田耕筰（1886～1965）など多くの著名人が協力し、創作童話、綴方、童謡、児童自由詩、自由画など多くの作品が掲載された。

　また、1919（大正8）年には自由画教育運動が始まった。山本鼎（かなえ）（1882～1946）は、従来の臨画帳を模写する図画教育に対し、自由に子どもの手で作品を描かせる自由画教育を実践した。

　このように明治以降の画一的・注入主義的な教育を打破し、子どもの自発性を尊重する新教育が盛んに行われたが、1930年代には衰退を余儀なくされた。

第4節　現代の教育

1　昭和時代の教育

　昭和になると、経済不況が強まり、さらには戦時体制に入ることにな

る。戦時教育体制の確立のため、教育制度の再編がなされた。1941（昭和16）年には「国民学校令」が制定され、皇国の道にのっとり、国民を錬成することが目的として掲げられた。しかし、戦火の拡大とともに子どもは学童疎開を余儀なくされ、校舎は軍需工場と化し、教育活動は全面的に停止された状態で、1945（昭和20）年8月15日、日本は終戦を迎えた。

　敗戦後は徹底した戦前体制の排除が必要となり、教育においても教育刷新委員会を中心に改革が進められた。1946（昭和21）年に日本国憲法が、1947（昭和22）年に教育基本法、学校教育法が制定され、戦後日本の教育の基本理念や学校教育の枠組みが明確にされた。

　憲法では、国民の教育を受ける権利と、子どもに教育を受けさせる義務が規定された。また教育基本法は、教育全般の基本理念と一般的な原則を明示し、憲法に準ずる教育に関する最高法規の性格を持った法律である。ここでは、憲法で定められた基本的人権の保障、民主主義や平和主義を実現するのは教育の力であることが示されており、真理と平和を希求する人間を育成しなければならないとした。さらに、個人の人格の完成と平和的な国家および社会の形成者としての資質の育成が目指され、それらはあらゆる機会にあらゆる場所において実現されなければならないと規定されている。これらのことから、戦後の日本の教育は、一人ひとりの子どもの持つ多様な可能性を重視し、人格の完成を目指すことを目標に据えたことが分かる。

　さらに、学校教育法に、小学校から大学、大学院に至るまでの学校教育制度を根本的に改め、教育の機会均等を実現するように、6・3・3・4制による単線型学校体系を規定した。さらに、幼稚園は「学校」の一種として制度化され、「幼稚園は幼児を保育し、適当な環境を与えて、その心身の発達を助長することを目的とする」と規定され、対象は3歳から小学校就学の始期に達するまでの幼児とされた。また、戦前の保育所は、1947（昭和22）年の「児童福祉法」により「保育所」として規定され、

「保育所は日々保護者の委託を受けて、その乳児または幼児を保育することを目的とする施設とする」とされ、「保育に欠けるその乳児または幼児」を対象とするとされた。こうして幼稚園と保育所は、「学校教育法」「児童福祉法」によって制度化された。

そして、戦後の経済復興に伴い、日本の経済発展を支える労働力としての人的能力の開発を学校教育に期待するという流れが明確に見られるようになり、産業構造の変革に見合う人材育成という産業界の要求が、1966（昭和41）年、中央教育審議会でも取り上げられ、「期待される人間像」という形で日本の教育に反映されていく。このような教育の考え方は、子どもの持つ多様な能力を国家の発展に必要な人材の確保という観点で捉えたものであり、子どもの能力の序列、選別につながる考えであった。しかし、このような教育の考えは、子どもの将来を考える親にとって、学校教育はよりよい就職の機会を得るための手段と映り、より高い学歴をつけさせようという教育熱へと変わっていった。そのため、高等学校への進学率は1970（昭和45）年には82.1％、1975（昭和50）年には91.9％に達した。同じく大学への進学率も、24.3％から37.8％へと急上昇した。また1971（昭和46）年、文科省は幼稚園教育振興計画要項を発表して幼稚園の整備に努め、1981（昭和56）年には5歳児の幼稚園保育所の就園率は90％を超えた。

2 今日（平成時代以降）の教育

進学への過熱、競争の激化に伴い、校内暴力、非行、不登校、引きこもり、いじめなど、子どもの問題が噴出した。それらからの脱却を図る形で、学校5日制の導入とゆとり教育が実施された。これは、知識の詰め込みよりも子どもの関心・意欲・態度を重視するという「新しい学力観」という考えに基づくものであった。

しかしその後、学力の低下や、OECD（経済協力開発機構）の国際学習到達度調査（PISA）など国際的な学力の比較から、問題点が指摘される

ようになり、2008（平成20）年改訂の「学習指導要領」では、基礎的・基本的な知識や技能を確実に習得させることを目指すようになった。さらに子どもを取り巻くさまざまな問題から、今日では子どもの育ちにおける幼児期の重要性が認識され、2006（平成18）年に改正された「教育基本法」では、第11条「幼児期の教育」が新設され、それを受けて翌年に改正された「学校教育法」では、幼稚園は小学校の前に記載順序が変更になった。いずれも、幼児期は義務教育のみならず生涯にわたる人格の基礎を培う重要な時期であるということが明確に示された。同様の理念は2008年に改訂、告示化された「保育所保育指針」にも示され、現代日本における幼児教育の重要性を見てとることができる。さらに2014（平成26）年に告示された「幼保連携型認定こども園教育・保育要領」においても、子どもたちの生きる力の基礎を育成するよう努めなければならないとされ、幼児教育の充実を図ることが求められている。

【引用・参考文献】

倉橋惣三『育ての心』フレーベル館、2004年

フレーベル（岩崎次男訳）『人間の教育1』明治図書、1960年

ヘルバルト（三枝孝弘訳）『一般教育学』（世界教育学選集13）明治図書、1960年

湯川嘉津美・荒川 智編著『幼児教育・障害児教育』（論集現代日本の教育史3）日本図書センター、2013年

寄田啓夫・山中芳和編著『日本の教育の歴史と思想』ミネルヴァ書房、2002年

（工藤真由美）

第11章　西洋の教育の流れ

　教育がいつ、どこで開始されたのかを特定することは難しい。しかし、「スパルタ教育」や英語の教育学の語源である「ペダゴジー」等、古代ギリシア時代に生み出された表現から、古代ギリシアの教育は今日の教育に大きな影響を及ぼしていることがうかがえる。本章では、西洋の教育の流れを古代ギリシアまで遡り、古代（西ローマ帝国が滅亡した5世紀まで）、中世（東ローマ帝国の滅亡、ルネサンス、宗教改革が起きた15世紀まで）、近代（ヨーロッパの市民革命及び産業革命から19世紀後半まで）、現代（19世紀末以降）の4つの時代に区切ってたどっていく。

第1節　古代教育の流れ

　古代のギリシアは一つの国家としてまとまっていたわけではなく、数多くのポリス（都市）が建設され、各ポリスは独立した国家として運営されていた。紀元前8世紀に入ると、ポリスを中心とした古代ギリシア文明が急速に開花し、その中でも特に勢力が強かったのがスパルタとアテネであった。

1　スパルタの教育

　スパルタは貴族、農民、奴隷の3つの階級で構成される都市国家であり、参政権を保持しているのは成年男性の市民に限られていた。国内の治安の維持とともに、他のポリスからの侵入に対抗するため、軍国主義的な政治体制の下で、強健な軍人の養成を目指して、国家主導の教育が

行われた。そこでは、生まれたばかりの新生児に対して厳しい選抜が行われ、身体の弱い子どもや障害のある子どもはすぐに捨てられ、丈夫な者だけが養育の対象とされた。スパルタにおける教育では、とりわけ体を強健に鍛えることが第一目的とされ、理想の軍人として備えるべき服従、勇気、自己犠牲といった美徳が尊ばれた一方で、読み書きは最小限にとどめられていた。また、戦争では敵の陣営に忍び込み、情報を盗むことが重要な能力とされ、こうした能力を育成するために、幼少の頃から他人のものを盗むことが奨励されていた。他方、女子の教育は健全な子孫を残すために行われるものと認識され、青年男子と同様に身体を鍛えることが重視されていた。このようなスパルタの教育は、学び手を無視したものと言えよう。

2　アテネの教育

スパルタと同様に、アテネにおいても住民が参政権を所持している市民（成年男性）、参政権のない市民（子どもおよび女性）、非市民（外国人・奴隷）という3つの階級に分けられていた。ただし、山国のスパルタとは逆に、アテネは海に程近く商業経済が早くから活発であったため、多くの文化との交流に伴い民主化が進み、自由と正義を重んじる土壌が形成された。直接民主制を取り入れたアテネでは、青少年の教育においては、個性の多様な伸長を尊重するという理念の下で、体育・音楽・格闘技・文法といった人間形成のための「一般教養」が重視された。そのほかに、雄弁術と弁証法・修辞学などが市民権を持った男子の必須の社会的スキルと見なされ、大いに重視されていた。また、こうしたスキルを身につけさせるために、とりわけ伝統的な慣習や価値観、既成の権力を吟味するための相対的・懐疑的な態度の育成が重視され、民主性を重んじる学び手中心の教育が施されていた。しかしアテネでも、教育を受けられるのは市民の男子に限定されていた。女児は家庭内で母親から家政を学んでいたが、一般的に15歳前後で結婚していたため、市民の女子で

さえ教育を受ける機会が開かれていなかった。

3 古代ローマの教育

　ギリシアの後に文化や教育を発展させたのは、古代ローマであった。ローマ帝国初期（B.C.753～509年）では、教育方針はスパルタのそれと非常に似ており、虚弱児・障害児が生まれた場合は、捨てて死なせることもあった。健康な男児が生まれると、絶対的な父権によって規律正しい大人に育て上げ、父への服従、遵法、権威の尊重、戦時における勇気と犠牲の精神などが要求された。他方、ローマ帝国の領土の拡大とともに、教育においては古代ギリシアによる影響もしだいに強くなった（B.C.509～27年）。弁論術やギリシア語の学習が取り入れられ、古代ギリシアの教育を踏まえて中世の教育に大きな影響を与えた文法、音楽、幾何、算数、天文、修辞学、弁論術（論理学）の自由7学科が形成されたのはこの時代であった。しかし、教育の機会は市民の男子に限定されており、市民の家庭で生まれた女児であっても機織りの技術や音楽、舞踊などしか教わらなかった。

　以上に見てきたように、スパルタやアテネ、古代ローマにおける教育の目的や内容には大きな違いが見られる。一方で、教育を受けられる対象が支配階級である市民の家庭で生まれた男子に限定されており、奴隷や市民の女子であっても教育を受ける権利が保障されなかったことに共通点が見られる。この共通点から、古代における教育は、支配階級の支配を維持するための手段と捉えられていたと考えられる。

第2節　中世の教育

　西ローマ帝国が滅亡（480年）した後、ヨーロッパではキリスト教が大

きな力を持つようになり、中世ヨーロッパ社会における人間形成や学問研究に対して教会が大きな支配権を握っていた。当時の教育形態は主に、①キリスト教関連の教育、②世俗的な教養のための教育、に分けられる。

1 教育形態

(1) キリスト教関連の教育

中世では、キリスト教の影響の下で教育の役割を積極的に果たしたのは教会学校である。当時の教会学校の中に、唱歌学校や修道院学校、本山学校があった。唱歌学校は初等教育機関に属し、読み・書き・計算、唱歌、祈とうなどを指導する学校である。修道院学校は中等教育機関に属し、キリスト教僧侶の修養所として修道院に併設され、僧侶を志望する人や一般児童が学ぶ学校である。そこでは、読み・書き・計算、ラテン語といった初等教育に加え、自由7学科や当時の学問の最高位にあった神学の教授が行われた。また本山学校は、教会の監督が所在する本山に付設されていた学校であり、内容は修道院学校と同じであった。

(2) 世俗的な教養の教育

中世のヨーロッパにおける世俗的な教養の教育として、「騎士道」「ギルド」および「大学」が挙げられる。

①騎士道

10世紀にヨーロッパで確立された封建制度は、13世紀に入ると最盛期を迎えた。封建領主は自らの土地や財産を守るために、生産労働から解放され、武力に優れ、忠誠心のある専門の軍人を必要とした。専門の軍人を育成するために開発されたのは「騎士道」である。騎士道は、神と騎士への信仰、上流社会の作法、騎士としての教育（乗馬・水泳・槍弓・剣術・狩猟・チェス・作詩）で構成される。この騎士道の教育は、後のヨーロッパの貴族階級において紳士像の原形とされた。

②ギルド

中世ヨーロッパの都市では、商工業が急激に発達したことに伴い、都

市部で人口が急速に増加し、一般庶民の子どもたち向けの教育ニーズも高まった。そうした中で、「ギルド」と呼ばれる同業者組合が教育機関としての役割を担うようになった。ギルドの中で、職業の専門的な知識と人格的な能力を持つ人は「親方」として認められ、弟子に対して職業技術の指導を行った。弟子入りした子どもたちは、親方や他の弟子たちとともに共同生活を送り、職業の技術の習得に加え、職人としての人格形成が同時に行われた。

「ギルド」のほかに、庶民や中産階級の子どもたちを対象とした「都市学校」も出現した。そこでは、読み・書き・計算の教育が行われたが、鞭を使った非人道的なものが多かった。

③大学

11世紀には、ヨーロッパの都市部に学問研究の場としての大学が設置され始めた。そして12～13世紀になると、こうした大学はさらにヨーロッパ全土で設置され、今日、世界的に著名なオックスフォード大学やケンブリッジ大学もこの時代に誕生したものである。中世の大学はローマ教皇庁の庇護を受け、神学部を頂点にして法学、医学の研究と教育が行われた。教育内容として、文法・修辞学・弁証学・天文学など自由7学科が挙げられるが、キリスト教を擁護する立場を前提とした活動が展開された。

2 ルネサンスと宗教改革

ルネサンス以前の中世では、キリスト教が文化的・社会的に大きな影響力を及ぼし、人々の精神や教育のあり方を規定していた。しかし商業の発展に伴い、自由・自治を求める市民の意識をはじめ、宗教の世界観にとらわれない価値文化が芽生えつつあり、それはやがて14世紀に西欧各国に広まったルネサンスを引き起こす原動力になった。

ルネサンスとは「再生」「復活」を意味するフランス語であり、古代ギリシア・ローマの文化を復興させようという一連の運動のことである。

ルネサンス以前の中世では、人間は神の似姿として考えられ、神の戒めに対する絶対的な服従が人々に求められていたが、ルネサンスは人間を中心に考え、人間自身が持つ能力を強調した点が特徴的である。

　人間に対する注目が高まる中、当時絶大な権限を持ちながらも腐敗していた教会権力の現状に不満と怒りを感じた人々は、相次いで批判の声を上げ、宗教に対する改革運動を起こした。宗教改革の先駆者たちは、人々がキリスト教の教義を正しく理解するために、聖書に直接触れることの必要性を説いていた。宗教による縛りから人間の自由・解放を目指すルネサンス運動と異なり、宗教の縛りを正しく理解することを目指す宗教改革の限界があったものの、それ以降の人々の間に、精神性をより重視する傾向を生み出すきっかけとなった。その一例として、当時の大学の改革が挙げられる。すなわち宗教改革の下、大学ではローマ教皇による一元的な支配が崩れ、ルネサンスが生み出した新たな思想であるヒューマニズム（人文主義）が導入され、教育者の目的は、単に学問を伝授することではなく、学習者の「人格」をつくり出すこと、学習者の善なる能力を引き出すことであるという考え方が生まれた。

　以上に見てきたように、中世には一般庶民の子どもたちのための教育機関も誕生したが、全体的に見るとき、教育を受ける対象は一部の子どもたちに限定されている傾向があった。とりわけ、教会は絶対的な権力を持ち、教育に大きな影響を与えたことが最大の特徴である。したがって、中世における教育が宗教の価値観を伝えることを通じて、支配階級の支配を維持するための手段と捉えられていたと考えられる。

第3節 近代の教育

1 近代社会と「子どもの発見」

ルネサンス以前は、子どもの教育に関しては、キリスト教の主張する原罪と関連して考えられ、厳しいしつけや訓練が必要という考え方が支配的であった。しかしルネサンス以降には、ルネサンスが生み出したヒューマニズムを積極的に教育に導入しようと主張する人々が現れた。

その先駆的な存在は、オランダのエラスムス（Erasmus, Desiderius 1466～1536）である。彼は、子どもに鞭で脅しつけるのでなく、愛情や説得を持って子どもの心に訴えることがふさわしい教育の方法であると説いた。

また、近代教育学の祖と呼ばれるコメニウス（Comenius, Johannes Amos 1592～1670）も、子どもの年齢と発達段階に応じて教育を提供すべきと力説し、母親学校（0～6歳）、母国語学校（7～12歳）、ラテン語学校（13～18歳）、アカデミア（19～24歳）で構成される学校体系を構想した。コメニウスは、子どもを多くの感覚にさらす「感覚教授」や「直観教授」の有効性を主張し、1658年に子どもたちの教材として世界初の絵入り教科書『世界図絵』を開発した。

さらに、ロック（Locke, John 1632～1704）は、教育における環境の働きの重要性を提起した。ロックは、人間の精神は本来白紙のようなものであり、人間は環境（教育）によって作られるものであると主張した。特に、幼児教育の原理を合理的・系統的な習慣形成に置くことや、教育の基本は、子ども自身の持つ能動的な知的活動を信頼したうえで、教師による合理的・系統的な習慣づけが必要と力説した。

そして、「子どもの発見者」と呼ばれるルソー（Rousseau, Jean-Jacques 1712～1778）は、長らく正当化されていたキリスト教の「原罪」説を否定し、人間の本性は「善」であることを主張した。ルソーは、子どもの年

齢や発達段階を無視して、道徳的・理性的な判断を性急に教え込む早期教育を否定し、子どもの年齢や自然な発達段階に応じて、実体験を通じた教育を提供すべきことを力説した。また、子どもたちに、文字や言葉によって知識として現存する文化を与えるのではなく、遊びを主とする具体的な生活経験を通した教育によって、子どもたちを自分で感じ、考え、判断する人間に育てるべきであると主張した。ルソーは、教育とは子ども固有の人権であると捉えており、子どもを権利を持つ存在として見なしていた。こうした彼の主張は、後に多くの教育思想家に継承され、今日の教育にも大きな影響を与えることとなった。

2 市民革命・産業革命と近代公教育

　近代公教育制度が確立した背景として特に重要なのが、市民革命および産業革命である。ルネサンスや宗教改革を経て、人々の間で自由・平等・政治的権利を求める動きが高まりつつあり、これらの権利の獲得を目指して17世紀から18世紀にかけて、欧米では市民革命が起こった。市民革命の結果として、絶対王政下の国王の支配が倒され、国王も法に従う法の支配が確立されたことに象徴されるように、近代市民国家が誕生した。

　また18世紀半ばから19世紀にかけて、欧米では旧来の職人による手作業を中心とした生産体制に代わって工場が立てられ、大量生産のための機械工業の導入といった産業の変革と、それに伴う社会構造の変革、すなわち産業革命が起こった。産業革命の発生に伴い、女性や子どもも安価な労働者として雇われることになった。これによって旧来の家族が崩壊・解体することになり、子どもたちにとって基本的な生活習慣の形成が困難になった。さらに、出稼ぎのために大量の農民が都市へ流れ込むことによって、旧来の共同体が持っていた人間形成力の喪失や、道徳の頽廃や犯罪の増加、病気の流行などが見られた。これらのことから、子どもたちを生活や労働の場から切り離して保護することが必要になった。

他方、産業革命によって社会的な富が大量に生み出され、子どもたちを生産の場から解放することが可能になった。また当時、欧米諸国では、富国強兵を目指す殖産興業政策の推進に伴い、国家を擁護する国民の育成が必要となった。こうした背景の下、19世紀後半以降、イギリス、フランス、ドイツ、アメリカ等の欧米の国々においては、国家主導の下で近代公教育制度が整備された。ただし、当時、子どもたちに教えられていた内容は、読み書き算といった労働力として最低限に必要な知識・技術に加え、国家を擁立するための道徳であった。また、採用された教育形態は、経済性・効率性を優先する教師による詰め込み的な一斉指導の方法であった。そのため当時の教育は、資本主義の発展に貢献する従順で良質な労働力を養成するための手段としての性格が強かった。

第4節　現代の教育

　19世紀末から20世紀初頭にかけて、諸外国では教育改革運動が起こった。これらの運動では、従来の学校教育で実施されてきた教科書中心の系統的学習に対して批判的な態度がとられた。また、児童生徒の興味・関心・経験等を重視する児童中心主義の立場をとっていることに共通点が見られ、新教育運動と名付けられている。この新教育運動を推進した代表的人物として、デューイとモンテッソーリが挙げられる。
　デューイ（Dewey, John 1859～1952）は、アメリカの哲学者、教育学者であり、「児童中心主義」教育思想の代表者としてその名は世界中に知られている。デューイによれば、教育とは教師による学習者に対する一方的な詰め込みではなく、学習者自らの経験によって認識が形成され、また、それによって新たな経験を獲得する過程と認識されている。デューイの教育思想は、後の問題解決学習の理論的依拠を与えるものとなった。
　モンテッソーリ（Montessori, Maria 1870～1952）は、イタリアで最初の医

学博士号を取得した女性であり、知的障害児の教育的治療研究を続けた人物である。彼女は、自立した人間の形成について、子どもの自己活動を重視し、そのために環境や教具の構成に気を配った。とりわけ、感覚運動能力の育成こそ人間のあらゆる能力の発達の基礎であるとし、感覚訓練を目的に多くの教具を開発した。

　新教育運動が推進されている中、第一次世界大戦に続き第二次世界大戦が勃発し、世界諸国が戦火に包まれ、教育も破滅的な打撃を受けた。長らく続いた戦争が1945年にようやく終焉を迎え、満身創痍になった諸国においては、経済の回復とともに教育の整備にも力が入れられた。

　第二次世界大戦後、ほとんどの先進国では義務教育制度が導入され、全ての国民の教育（前期中等教育まで）を受ける権利の保障がようやく実現された。また新教育運動で見られた学習者中心の考え方は、今日、世界諸国で行われている教育においても大いに重視され、私たちの教育に大きな影響を及ぼし続けている。

【参考文献】
　伊東俊太郎『十二世紀ルネサンス』講談社学術文庫、2006年
　岩村清太『ヨーロッパ中世の自由学芸と教育』知泉書館、2007年
　梅根悟『新装版世界教育史』新評論、2002年
　エラスムス，D.（中城進訳）『エラスムス教育論』二瓶社、1994年
　太田秀通『スパルタとアテネ』岩波新書、1970年
　グウィン，A.（小林雅夫訳）『古典ヒューマニズムの形成』創文社、1974年
　田中克佳編『教育史』川島書店、1987年
　廣川洋一『ギリシア人の教育』岩波新書、1990年
　モンタネッリ（藤沢道郎訳）『ローマの歴史』中央公論社、1996年
　山崎英則編著『西洋の教育の歴史』ミネルヴァ書房、2010年

（李　　霞）

第12章 教育法規と教育行政

　教育は、学校や家庭、地域社会などのさまざまな場面で、その多くが法規に基づいて実施されている。この章では、教育を実施する際に基本となる教育法規のしくみを学習する。さらに、教育法規を実施する役割を担っている、国や地方の教育行政の概要について学習する。

第1節　教育法規の体系

　わが国は法治国家であり、国のさまざまなしくみは法規によって成り立っている。したがって教育の実際を理解するためには、教育法規の体系を理解しておくことが不可欠である。

　教育法規とは、文字どおり教育に関する法規であるが、法規とは、成文法のみならず判例法などの不文法をも含む法規範一般を意味する。成文法とは、国や地方公共団体等が一定の手続きにより、文章の形式で定めたものである。不文法とは、文書で定められたものではなく、その法

図表1　法規の分類

```
         ┌─ （国の法規）
         │  憲法―法律―政令―省令―（告示・訓令・通達）
成文法 ──┤  条約
         │
         └─ （地方公共団体の法規）
            条例・規則・教育委員会規則

不文法 ……… 判例法・慣習法・条理法
```

（筆者作成）

的効力が暗黙のうちに承認されたものである。わが国の法規は、成文法（国の法規と地方公共団体の法規）を中心として、**図表1**のように分類される。

1　国の教育法規

　憲法は国の最高法規であって、教育においても、国民主権や基本的人権の尊重、平和主義というその基本原則をはじめ、憲法の規定が深く関わっている。日本国憲法には教育規定が少ないのが特色であるが、唯一の直接的な教育規定と言える第26条は、「すべて国民は、法律の定めるところにより、その能力に応じて、ひとしく教育を受ける権利を有する。②すべて国民は、法律の定めるところにより、その保護する子女に普通教育を受けさせる義務を負う。義務教育はこれを無償とする」と規定している。この条文は、国民の基本的人権としての教育を受ける権利、教育の法律主義および義務教育とその無償を規定している。

　法律は、国の唯一の立法機関である国会によって制定される（憲法第41条）。教育に関しても基本的な事項は法律で定められており、教育制度の根幹は法律によって構築されている。主要な法律として、教育基本法、学校教育法、私立学校法、教育職員免許法、教育公務員特例法、社会教育法、地方教育行政の組織及び運営に関する法律等がある。

　法律では通常、基本的な事項のみが定められ、具体的な事項については政令や省令に委ねられる。内閣は、憲法および法律の規定を実施するために政令を制定する（憲法第73条）。代表的なものとして、学校教育法施行令がある。各省大臣は、主任の行政事務について、法律もしくは政令を施行するため、または法律もしくは政令の特別の委任に基づいて、それぞれの機関の命令として省令を発することができる（国家行政組織法第12条）。代表的なものとして、学校教育法施行規則がある。

　以上のように国の法規は、学校教育法（法律）→学校教育法施行令（政令）→学校教育法施行規則（省令）と、一般的には3段階で規定が整備さ

れていることに留意する必要がある。

その他に、各省大臣、各委員会および各庁の長官が、その機関の所掌事務について発するもののうち、広く国民に知らせるために公示を必要とする場合の形式が告示であり、所管の諸機関および職員に対して命令または示達する際の形式が訓令と通達である（国家行政組織法第14条）。告示の代表的なものとして、学習指導要領や幼稚園教育要領がある。

また条約は、国家間または国家と国際機関間で締結される文書による合意であり、国会での批准により法律と同等の効力を持つ。代表的なものとして、子どもの意見の尊重や子どもの最善の利益等を原則とする「児童の権利条約」がある。同条約は1989年の国連総会で採択され、わが国では1994年に批准された。

2 地方公共団体の教育法規

わが国では、憲法により地方自治の理念が規定されており（日本国憲法第92条）地方公共団体は、住民の福祉の増進を図ることを基本として、地域における行政を自主的かつ総合的に実施する役割を担っている（地方自治法第1条の2）。

普通地方公共団体（都道府県・市町村）は、法令に違反しない限りにおいて、法律またはこれに基づく政令により処理することとされる事務に関し、条例を制定することができる（地方自治法第14条）。教育に関する条例として、公立学校・公民館等の公立教育施設の設置条例等がある。地方公共団体の長（都道府県知事・市町村長。以下「首長」という）は、法令に違反しない限りにおいて、その権限に属する事務に関し、規則を制定することができる（地方自治法第15条）。教育委員会もまた、法令または条例に違反しない限りにおいて、その権限に属する事務に関し、教育委員会規則を制定することができる（地方教育行政の組織及び運営に関する法律第14条）。代表的なものとして、学校管理規則や公立学校の学則がある。

第2節 教育基本法

1 教育基本法の経過

　日本国憲法制定過程で、教育の基本については別に法律で規定することとされ、教育の具体的な事項について規定のない現行の憲法が1946年11月3日に制定された（施行は1947年5月3日）。その後1947年3月31日に教育基本法が公布・施行された（以下「旧教基法」）。このように憲法と一体的に制定された経過から、教育基本法は教育憲法あるいは準憲法的教育規定などと称され、わが国の教育制度は一般に教育基本法体制と言われてきた。旧教基法の見直しについてはたびたび議論がなされたが、2000年に教育改革国民会議がその見直しを提言したことから改正論議が本格化し、2003年の中央教育審議会答申「新しい時代にふさわしい教育基本法と教育振興基本計画の在り方について」を経て、2006年12月22日に旧教基法の全部を59年ぶりに改正した現行の教育基本法が公布・施行された。

2 教育基本法の規定内容

　教育基本法は上記のとおり、教育憲法としてわが国の教育の基本理念や教育の実施に関する基本を定めた極めて重要な法律であり、教育に関係する者は、その条文の内容を理解しておくことが不可欠である。教育基本法は、前文と4章18条から成る。各条文の要点は、以下のとおりである。各条文の見出しを記憶しておくと、教育の基本理念や教育制度の諸領域を把握するのに有効である。

【前文】一般に法律には前文を付さないが、教育の基本原則を明示する極めて重要な法律であるという認識から前文が置かれ、わが国の未来を切り開く教育の基本を確立するためという制定の趣旨を規定。

第1章 教育の目的及び理念

第1条（教育の目的）　教育目的として旧教基法と変わらず「人格の完成」を掲げている。「人格の完成」とは各個人の備えるあらゆる能力を可能な限り、かつ調和的に発展させることを意味する。本条は教育目的の最上位規定で、幼稚園や小学校など個別の教育目的・目標は、この目的の達成を目指して具体化される。

第2条（教育の目標）　前条の教育目的を達成するための具体的な目標は、①教育全体の基礎となる知育・徳育・体育、②個々人に関わる事柄、③社会との関係、他人との関係で必要な事柄、④自然や環境との関係、⑤日本人また国際社会との関係で必要な事柄

第3条（生涯学習の理念）　自己の人格を磨き、豊かな人生を送るために生涯学習を教育の基本的理念として規定

第4条（教育の機会均等）　すべて国民は教育上差別されない

第2章 教育の実施に関する基本

本章では、教育実施の場として、学校、家庭、社会の順に基本的事項が規定されている。

第5条（義務教育）　義務教育年限は学校教育法に委ね、義務教育の目的、国と地方公共団体の責務を規定

第6条（学校教育）　学校教育の体系的・組織的実施、規律と学習意欲の重視

第7条（大学）　大学の役割、自主性・自律性の尊重

第8条（私立学校）　私立学校の振興

第9条（教員）　教員の研究と修養、養成と研修の充実

第10条（家庭教育）　子の教育について親の第一義的責任、国や地方公共団体による家庭教育支援

第11条（幼児期の教育）　幼稚園・保育所、家庭や地域における幼児期の教育の振興

第12条（社会教育）　社会教育の奨励・振興

第13条（学校、家庭及び地域住民等の相互の連携協力）　学校、家庭、地域住民による相互の連携協力

第14条（政治教育）　政治教育の尊重、学校の政治的中立

第15条（宗教教育）　宗教教育の尊重、国公立学校の宗教的中立

第3章 教育行政

第16条（教育行政）　法律に基づく教育行政、国と地方公共団体の役割分担と財政措置

第17条（教育振興基本計画）　国・地方公共団体による教育振興基本計画の策定

第4章 法令の制定

第18条（法令の制定）　教育基本法実施のために必要な法令が制定されるべきこと

第3節 教育行政

　教育行政とは、学校や社会教育施設等の教育機関がその目的を達成できるように、教育行政機関が必要な条件整備を行う機能である。教育行政機関として、国には文部科学省が、都道府県・市町村には教育委員会が置かれている。教育基本法第16条に基づき、文部科学省は、全国的な教育の機会均等と教育水準の維持向上を図るための総合的な施策の策定とその実施を担当し、教育委員会は、当該地域の実情に応じた教育に関する施策の策定と実施を担当する。

1 文部科学省

　文部科学省の前身である文部省は1871年に創設され、2001年の省庁再編により科学技術庁と統合して現在の文部科学省（略して文科省と言われる）が誕生した。

　文部科学省の任務は、「教育の振興及び生涯学習の推進を中核とした豊かな人間性を備えた創造的な人材の育成、学術及び文化の振興、科学技術の総合的な振興並びにスポーツに関する施策の総合的な推進を図るとともに、宗教に関する行政事務を適切に行うこと」（文部科学省設置法第3条）である。任務を遂行するために行う所掌事務として、地方教育行政の組織、一般的運営に関する指導・助言・勧告に関することや、初等・中等教育の基準の設定に関すること等、全部で93号に及ぶ幅広い事務が掲げられている（文部科学省設置法第4条）。

　文部科学省の組織は文部科学省組織令で定められており、大臣・副大臣・大臣政務官・事務次官の下、本省には大臣官房および生涯学習政策局、初等中等教育局、高等教育局、科学技術・学術政策局、研究振興局、研究開発局の合計6局が、外局としてスポーツ庁と文化庁が置かれている。このうち初等中等教育局は、幼稚園、小学校、中学校、義務教育学

校、高等学校、中等教育学校、特別支援学校および幼保連携型認定こども園における教育の振興等を担当しており、初等中等教育企画課、教育課程課、幼児教育課、教職員課等が置かれている。

また、文部科学大臣の諮問機関として各種審議会が置かれているが、代表的な審議会として中央教育審議会（中教審）があり、教育振興基本計画の策定、学習指導要領や幼稚園教育要領の作成など、文部科学省の教育政策の方向性を審議する重要な役割を果たしている。

2 教育委員会

戦前の教育行政は国の権限とされ、地方では府県知事および市町村長が国の監督の下、教育に関する事務を執行していた。戦後、米国教育使節団の報告書や教育刷新委員会の建議に基づき教育改革が進められ、その一環として1948年に「教育委員会法」が制定された。教育委員会は、アメリカの制度をモデルとして、教育行政の地方分権化や一般行政からの独立の理念に基づいて導入されたものである。

その後、教育委員会法は1951年に廃止され、新たに「地方教育行政の組織及び運営に関する法律」（以下「地教行法」という）が制定され、現在に至っている。

地教行法の改正は随時行われてきたが、2014年に教育委員会制度を約60年ぶりに大幅に見直す改革が断行され、地教行法は大改正された。それは、2011年に大津市で起きた中学生のいじめ自殺事件の際、教育委員会の対応に対する批判が相次ぎ、教育委員会制度そのものに問題があるとの認識が高まったことが大きなきっかけとなった。

改正の趣旨は、地方教育行政における責任の明確化と、いじめ等の問題発生時の迅速な危機管理体制の構築を中心としており、法改正のポイントは、①従来の教育委員長と教育長とを一本化した新「教育長」が設置されたこと、②首長が召集し首長・教育長・教育委員で構成される総合教育会議が新設されたことである。総合教育会議は、当該地方公共団

体の教育、学術および文化の振興に関する総合的な施策の大綱の策定、および児童生徒等の生命または身体に被害が生じる等の緊急の場合に講ずべき措置等について協議するために設けられる。

現行の地教行法に基づいて教育委員会制度の概要を説明すれば、教育委員会は、教育長と4人の委員で組織するが、都道府県・市は教育長と5人以上の委員、町村は教育長と2人以上の委員で組織することができる。教育長は、当該首長の被選挙権を有する者で、人格が高潔で教育行政に関し識見を有する者のうちから、首長が議会の同意を得て任命する。同様に教育委員も、首長が議会の同意を得て任命する。教育長の任期は3年、教育委員の任期は4年である。教育長は教育委員会の会務を総理し、教育委員会を代表する。

教育委員会の権限に属する事務を処理するために事務局が置かれ、事務局には指導主事や事務職員等が置かれる。事務局組織の一例として広島市教育委員会の場合を挙げると、事務局には、総務課・教育企画課・施設課と学校教育部に教職員課・学事課・健康教育課・指導第一課・指導第二課・特別支援教育課・生徒指導課が、青少年育成部に育成課と放課後対策課が置かれ、その下部に初等教育係等の各係が置かれている。

教育委員会の職務権限は、学校教育、社会教育、スポーツ、文化等に関する事項である（地教行法第21条）。ただし、公立大学、私立学校、教育財産の取得・処分、契約の締結、予算の執行に関する事務は、首長の権限に属している（地教行法第22条）。

首長は前述のように、法改正で新設された総合教育会議を招集できるが、文科省の調査によると、2015年4月の改正法施行後2カ月の時点で、都道府県の約70％がすでに会議を開催済みで、そのうち約70％が、会議の事務局は知事部局が担当しているという。このように総合教育会議の開催を通して、地方教育行政における首長部局の役割が今後ますます強まることが予想されるが、地方創生が叫ばれる中、わが国の地方教育行政が活性化されるためには、教育委員会が設立当初の理念に基づき、地

域住民の民意を十分に反映するために自律的にその機能を発揮することが求められる。

【引用・参考文献】
市川須美子ほか編『教育小六法 平成28年版』学陽書房、2016年
教育法令研究会編『図表でわかる教育法令〔第3次改訂版〕』学陽書房、2015年
河野和清編著『現代教育の制度と行政』福村出版、2008年
徳永保編『教育法規の基礎理解』協同出版、2014年
文部科学省ホームページ http://www.mext.go.jp/b_menu/kihon/

（松元健治）

第13章　教育の場所

　人間は一般的には、まず家庭において生を受け、そこにおいて人間形成の第一歩が始まる。家庭は子どもにとって最初の教育の場所であり、基盤と言うことができよう。その家庭を基盤として、さらに地域社会、また自然との関わりを有するようになり、人間形成がなされていく。
　学校教育制度が整うのは近代以降であり、「教育イコール学校」と考えるのは近代以降の思想である。現在のような学校が存在しない時代においても、教育はさまざまな場所でなされてきた。このことは、学校教育制度が整ってきた現代社会においても同様である。教育は学校だけで行われているわけではなく、さまざまな場面で行われているのである。
　本章においては、家庭、自然、地域での教育を概観したうえで、現在の学校教育に求められていることについて考察する。

第1節　家　庭

1　他者を信頼する心

　人と人との心の結び付きを愛着（アタッチメント）と呼んだのはボウルビィ（Bowlby, John 1907〜1990）であった。新生児は3カ月くらいからアイコンタクトが成立するようになり、微笑行動や欲求の泣きなどができるようになる。これらに大人が反応することによって愛着が形成されていく。5〜8カ月くらいになると、他の人よりも、母親（あるいはその代理、以下同様）との接触をより頻繁に求めるようになる。いわゆる人見知り

が始まる。これは、母親を安全基地として行動範囲を広げ、この世界の探索を始めることを意味している。

ここで形成された愛着は、大人になっても形を変えて、一生涯にわたり、人が持ち続ける他者への志向となる。それは、母親をはじめとする特定の人を信頼し愛する力であり、人間それ自体に対する信頼感である。人間に対する信頼感は、人間が生まれながらにして持っているものではない。家庭の中で生まれ、やがて家庭を超えてより広い世界へと広がっていくのである。

2 自分を信頼する心

幼児期に入ると、自分で移動できるようになり、言葉がしゃべれるようになっていくことで、一人遊びが始まる。この時期から、しつけが始まる。しつけは、多くの場合、トイレット・トレーニングから始まる。トイレット・トレーニングは成功ばかりではない。むしろ、たくさんの失敗を繰り返すことによって、自己の身体への気づきを確実なものにしていく過程である。成功して褒められた時のうれしさ、失敗して怒られた時の恥ずかしさが、子どもたちの心の育ちそのものである。

この過程を通して、子どもは自分の身体をコントロールできるという自信を得、自身の身体の主人公になっていく。自分はできるという自己信頼感は、その後の人生において、自分に自信を持って自己を主張することができたり、困難な事柄に出会ってもなんとか乗り越えようと努力することができる心につながっていく。

3 生き方のモデル

家庭は子どもが出会う初めての社会であり、幼少期の大半を家庭の密接な関係の中で過ごす。そしていずれ、より大きな社会の中へ出ていくことになる。これらの所属する社会の一員となるために必要なふるまい方や価値観を習得していくことを社会化という。つまり、子どもたちは

各家庭へ社会化することを通して、より大きな社会へと社会化していくのである。

ふるまい方を伝えることと価値観を伝えることは、分けることはできない。例えば、「片づけをしなさい」というメッセージには、そのふるまい方を示すと同時に、「部屋はきれいであるべきだ」、「きちんとできない人はダメだ」という言外のメッセージを伝えている。そして、これらのメッセージは、叱っているその瞬間のみで伝えているのではなく、子どもに示している大人の生き方全体を通して伝わっていくのである。

4 家庭教育の課題

これまで述べてきたように、家庭における教育は、子どもたちのその後の人生に大きな影響を与える。膨大なホスピタリズムの研究は、孤児院等で育ち愛着を築くことのできなかった子どもたちが、その後の人生の人間関係に大きな困難を持つことを明らかにした。今日では、この問題は孤児院だけの問題ではない。**図表1**に示すように、児童虐待の問題は深刻であり、「普通」の家庭で「自然な」子育てを期待することが難しくなっている。また、**図表2**に示すように、家庭の生活習慣が子どもの学力と強い関係を持っていることも明らかになっている。

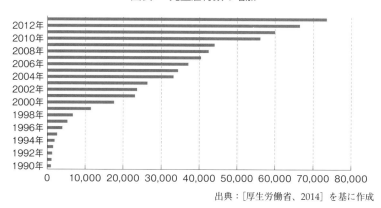

図表1　児童虐待数の増加

出典：[厚生労働省、2014] を基に作成

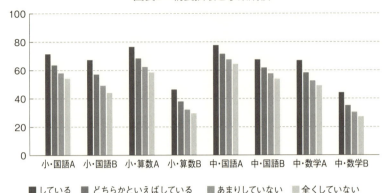

図表2　朝食摂取と学業成績

出典：[国立教育政策研究所、2015]を基に作成

　これらの問題の背景には、子育て環境の変化が横たわっている。都市化や核家族化によって、子育て文化が継承されにくくなっていること、経済環境の悪化等により共働き家庭が増えたことなど多様な要因が存在する。しかし、生まれた家庭により子どもたちの将来が決まってしまうのであれば、これは身分制社会と大差はない。家庭教育の自主性を尊重しつつ、どのように家庭教育を支援していけるかが大きな課題となっている。

第2節　自　然

1　感じる心

　子どもたちにとって、出会うものの全ては新鮮で魅力にあふれている。うつむいたときに見つける路傍の小さな植物、見上げたときに圧倒される空の大きさ、ふとしたときに気がつく雨の匂い。海洋学者でもあったカーソン（Carson, Rachel 1907〜1964）は、子どもたちに生涯消えることの

ない「センス・オブ・ワンダー（神秘さや不思議さに目をみはる感性）」を持ち続けることの重要性を指摘している。

　身近な自然に触れることを通して、自然への愛、自然への共感的な態度が育っていく。同時に、不思議なものや美しいものについて、「もっと知りたい」という科学的な好奇心へとつながっていく。そしてまた、生きることの満足感や喜びにつながっていくのである。

2　主体的な態度

　自然の中に踏み入ると、そこには人間のために準備されているものはない。その中で遊び、時間を過ごそうと思うと、自分から自然に働きかけていくことが必要になる。それは、あらかじめ答えの準備されている働きかけではない。とりあえずやってみるその過程で、失敗を繰り返しながら、なんとかうまくいったときに達成感を得る。このような経験が、子どもたちの自己効力感を育てていく。もちろん、常にうまくいくとは限らない。自分の思うままにならないものと向かい合う経験が大切なのである。

3　自然体験の課題

　かつてのように、普通の生活の中で自然に触れたり、自然の中で遊ぶことが困難になってきている。一方で、都市化が進むことによって身の回りから自然が失われ、他方で、安全意識の高まりにより、そのような場所で自由に遊ぶことが困難になっている。それを代替するかのようなゲーム等の発達が、子どもの遊びを、戸外での集団的な遊びから室内での個別的な遊びへと変貌させた。それによって、学びの土壌となるはずの原体験が不足している。

　今日においては、それは子どもだけの問題ではない。カーソンは、子どものセンス・オブ・ワンダーを新鮮に保ち続けるためには、感動を分かち合う大人がそばにいる必要があることを指摘した。しかし今日では、

大人にもその原体験が不足しており、子どもを自然体験に導くことを困難にしている。

第3節 地 域

1 遊び友達との出会い

　子どもにとっての家庭での人間関係は、親－子というタテの人間関係であった。それが地域社会に踏み出すと、ヨコの関係、友達との関係が生まれる。タテの関係では庇護される存在であった「私」が、ヨコの関係では、自分と同等の権利で存在する他者と出会うのである。この他者との遊びの中で、自分の気持ちを他者に伝え、受け入れられたり受け入れられなかったりする経験を、他者と競争して勝ったり負けたりする経験を、そして仲間とともにあることの喜びを得る経験を積んでいく。これらの経験を通して、他者と共に生きていくことを学び、そのために必要な自主性や社会性、社会規範などを身につけていくのである。

2 大人との出会い

　地域には、声を掛け合い協力し合って、その地域を守り、生活している大人たちがいる。このような大人たちの生活の場に参加することによって、親でも仲間でもない大人と出会う。地域の大人たちと生活の場を共にすることによって、その地域に生きることのアイデンティティを育てていく。これらの大人たちとの出会いにより、親の価値観を相対化し、新しい生き方のモデル見いだしていくこともあるだろう。
　また、地域社会は大人の働く場所でもある。職住の分離が進み、自分の親の働く姿を見ることができない子どもも少なくない。しかし、地域で働く大人たちの姿に触れることを通して、働くことの大変さやすばら

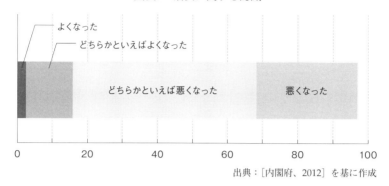

図表3 治安に関する認識

出典：[内閣府、2012] を基に作成

しさを知ることになる。

3 地域社会の教育の課題

地域社会の崩壊や、地域の教育力の低下が指摘されるようになって久しい。都市化の進展は、子どもたちから遊びの空間を奪っただけではない。**図表3**に示すような体感治安の悪化は、同じ地域に住む人々の交流が失われ、安心して子どもを地域社会へ送り出していくことができない状況を示している。それによって、以前は、そこで出会うことができていた人々との出会いの機会も奪われている。

かつてのような地域社会のあり方を取り戻すことは困難であろう。しかし、地域の中に人と人との結び付きを生み出し、新しい形の地域社会を構築していくことが、これからの課題である。

第4節　学　校

1 考える力

家庭や地域社会の教育は専門家でない者が無意図的に行っているのに

対して、学校は専門家が意図的に教育を行っていることが大きく異なっている。そしてそこで教えられるべき知識や技能は、多くの場合、事前に定められており、それらを習得していくことが子どもたちにとっては当面の目標となる。しかし、知識や技能を習得していくことは、最終的な目標ではない。知識を体系的に学んでいくことによって、子どもたちがそれまで持っていた認知の構造を変容させ、直観的で場面従属的な思考様式から、抽象的で一般的な思考様式を獲得していく。

変化の著しい現代社会においては、学校で学ぶ知識や技能それ自体の価値は、社会の変化や技術の進歩に伴って急速に失われていき、学校で学んだ知識によってその後の数十年を生きていくことは困難である。だからこそ、学び方を学び、物事の考え方を習得することが求められている。

2 社会への適応

デュルケーム（Durkheim, Emile 1858～1917）は教育の役割を、「子どもが生活することが予定されている社会環境に子どもを適用させることを目的としている」と指摘している。どのような社会であっても、その社会の支配的な秩序に社会化させるための装置は不可欠であり、それを近代以降の社会では学校が担っている。つまり学校では、一つ一つの知識や技能を伝達しているだけでなく、この社会の主要な価値観を伝達しているのである。

それは、道徳の時間のように価値項目を明示している時間だけにとどまらない。学校の規則や教師と生徒のやり取りを通して、子どもたちは、「がんばる」や「時間を守る」などのその社会の成員としての望ましい態度を身につけていくのである。

3 職業への配分

近代学校教育が持っている重要な機能の一つに、人材の配分がある。前近代社会においては、職業や身分は出身階層によって決定されていた。

近代以降になると、個人の能力や業績によって職業が決定されるようになり、その際の指標として重要視されたのが学力や学歴であった。つまり、どのような家庭に生まれようとも、学校で成績を得ることによってどのようなものにでもなることができるということが、近代学校教育制度の重要な理念なのである。

ここにおいて、学力は単に学校の中でだけ有効な指標ではなくなり、学校外でも、そして一生涯にわたりその人の人生に影響力を持つようになる。そのため、学校は、学力獲得競争が（その出自とは無関係に）公正に行われる場となることが不可欠である。だからこそ、全ての国民が等しく教育を受けることができるよう、義務教育制度や就学援助等の措置がとられているのである。

4 学校教育の課題

学校教育は、子どもたちが家庭で十分に愛されると同時にしつけられ、地域社会で多くの人と関わり十分な体験を積んできたことを前提に構築されてきた。しかし今日においては、以前のように、家庭や地域の教育力を前提とすることは難しくなってきている。そのため、既存の学校教育を存続していくためには、学校が家庭や地域のあり方にまで関与していかざるを得なくなっている。

例えば、「早寝・早起き・朝ごはん」運動は、学校主導で家庭の生活習慣を改善していこうという取り組みである。また、近年増加しているコミュニティ・スクールは、一方では地域の思いや力を受け取って学校改革を進めていくものであるが、一方では地域社会のネットワークを学校が構築し、その中心を担おうとするものでもある。このように、学校が主導で家庭や地域の教育力の再生・向上に取り組んでいる。

子どもの幸せな成長のためには、学校が果たす役割がますます大きくなることを論じてきた。このことの負の側面を告発したのが、イリッチ（Illich, Ivan 1926〜2002）であった。彼は、学校や病院が「何が価値あるも

のか」を、個人の豊かな人生とは無関係に決定していることを指摘したのである。

多様な場所に教育があるということは、多様な価値がそこに存在するということでもある。多様な価値の存在を保障しつつ、子どもの豊かな学びを支えていくことが、これからの教育の課題となるであろう。

【引用・参考文献】

イリッチ，I.（東洋・小澤周周三訳）『脱学校の社会』東京創元社、1977年
カーソン，R.（上遠恵子訳）『センス・オブ・ワンダー』新曜社、1996年
厚生労働省「平成25年度児童相談所での児童虐待相談対応件数等」2014年
国立教育政策研究所「平成25年度学力学習状況調査報告」2015年
デュルケーム，E.（佐々木交賢訳）『教育と社会学』誠信書房、1982年
内閣府「治安に関する特別世論調査」2012年

（赤堀方哉）

第14章　生涯教育と生涯学習

第1節　生涯教育から生涯学習へ

1　生涯教育とは

(1) 生涯にわたる統合された教育

　生涯教育という考え方は、これまでの教育が青少年期という人生の初期段階において、学校で行う意図的・計画的な教育を意味してきたのに対して、生涯を通じてさまざまな場で行われる教育への転換を図るものである。

　1965年の第3回ユネスコ成人教育推進国際委員会において、ラングラン（Lengrand, Paul 1910～2003）が「教育とは、学校を卒業したからといって終了するものではなく、生涯を通して続くものである」として、生涯教育を提唱したのが始まりである。この生涯教育は、人の一生という時系列の垂直的次元と、個人および社会の生活全体にわたる水平的次元を統合することを求める。つまり、人の生涯にわたる教育の機会を、時間や場という制約を超えて、体系的に整備していくことを要請する。それだけに、学歴社会の弊害を是正し、学校・家庭・地域を結び付ける総合的な教育体制を提唱するものである。したがって、生涯教育とは、生涯にわたって教育されるという意味ではないことが明らかである。

(2)「教育」から「学習」へ

　社会教育審議会や中央教育審議会などは、このような生涯教育の考え方に基づいて、教育制度の全体を再編成すべきことを答申してきたが、

いまだ実現するには至っていない。このような過程の中で、生涯学習という用語が使われるようになった。中央教育審議会答申「生涯教育について」(1981年) は、「生涯教育とは、国民の一人一人が充実した人生を送ることを目指して生涯にわたって行う学習を助けるために教育制度全体がその上に打ち立てられるべき基本的な理念である」として、生涯教育を生涯学習の支援を行うしくみと位置づける。このように、生涯教育と生涯学習は区別して用いられるようになった。

2　生涯学習とは

　答申の「生涯教育について」は、次のように生涯学習を定義した。
　「今日、変化の激しい社会にあっては、人々は、自己の充実・啓発や生活の向上のため、適切かつ豊かな学習の機会を求めている。これらの学習は、各人が自発的意思に基づいて行うことを基本とするものであり、必要に応じ、自己に適した手段・方法は、これを自ら選んで、生涯を通じて行うものである。その意味では、これを生涯学習と呼ぶのがふさわしい。」
　つまり、生涯学習とは、人が生まれてから死ぬまでの、生涯を通じて行う学習活動の全てをいう。学習は、人間が社会において生きていくために、知識や技術、価値や態度などを身につけるうえで不可欠であり、自発的な活動であることを本質とする。言い換えると、生涯学習とは、学習者の自発的な意思に基づいて、個々人に合った方法で、生涯にわたって行われる学習ということになる。そして、今日では生涯学習は、人間は生涯にわたり発達し続ける存在であるという生涯発達の考え方に基づいて推進されることに、大きな意義を認める傾向にある。
　ちなみに、生涯学習に関連した言葉として「学習社会」があるが、これは生涯にわたる学習が自由に行えるように、学習に必要な資源や機会が十分に用意された社会である。「生涯学習社会」ともいわれる。このような社会においてこそ、本来の自発的・主体的な生涯学習が可能とな

り、意図的に教育するという営みが意味のないものとなる。

3　生涯学習体系への移行

　1986年から翌年にかけての国の臨時教育審議会の答申では、教育制度を再編成しようとして、「生涯学習体系への移行」を提唱した。ここでいう体系とは、個々の部分を統一した組織や全体をいい、生涯教育ではなく、生涯学習の観点から生涯学習体系とした。つまり生涯学習体系とは、生涯にわたる学習のために、学習に関わるあらゆる組織や機会が有機的に結び付いた全体であると言ってもよい。

　さらに、わが国の教育制度の根拠となっている教育基本法では、「生涯学習の理念」をうたっている。これによって教育制度のあり方が示されているので、生涯学習体系への移行という場合は、教育制度をこの理念に基づいて再編成することを意味している。よって、生涯学習体系への移行とは、生涯にわたる学習のために、これまでの学校教育や社会教育に、家庭教育をも加えて有機的に統合し、教育制度を再編成しようという考え方であり、この実現を目指すものである。

　しかし、生涯学習体系を唱えることは容易であっても、実現するにはよほどの努力を必要とする。これに向けて行政施策を展開し、生涯学習社会の実現に努めるため、1990年に「生涯学習の振興のための施策の推進体制等の整備に関する法律」（生涯学習振興整備法）が制定されたが、生涯学習の振興にとってはまだ不十分と言われる。

第2節 生涯学習とさまざまな教育

1 生涯学習と家庭教育

(1) 生涯学習のスタートとしての家庭教育

家庭教育は、家庭における親子関係に基づく教育と言える。人間は誰でも家庭に生まれ、家族が関わり合う生活の営みの中で自発的に、あるいは家族からしつけを中心とする意図的な働きかけを受けるなどして、なんらかの学びをスタートし、成長・発達を遂げていく。この意味から、生涯学習は乳幼児期の家庭生活から始まると言ってよい。

(2) 家庭教育が生涯学習を支援する

教育基本法は、家庭教育の自主性の尊重をうたうが、国および地方公共団体は家庭教育を支援しなければならないことも定めている。

家庭教育の振興・支援のために、これまで「家庭教育学級」の開設、男女共同参画に関する問題の学習機会提供などの施策が行われ、最近では子育て支援との関連で家庭教育支援が行われるようになった。これらの振興・支援により、大人が家庭教育を学習し実践する中で、自らの生涯学習が進められていく。家庭教育が生涯学習を支援しているのである。

2 生涯学習と学校教育

(1) 学校教育の独自性と生涯学習

幼稚園から大学までの学校は、各段階に応じて独自の目的と機能を持つ。しかし、各学校に在学する幼児から青年までが、生涯学習への可能性を持つ存在であるから、各学校の教育活動を生涯学習の基礎づくりとして行うこともできる。また、学校教育は、生涯学習の考え方に基づいて自らのあり方を再考し、その改善・改革を図ることができる。

(2) 社会教育を介して生涯学習を支援する

　社会教育は、学校外において大人とは異なる経験の世界を子どもに提供し、自発的な活動を保障することで、将来の市民として必要な資質の育成に貢献してきた。また、社会教育は、学校教育を公開講座や社会人入学などの形で開放してきた。このように、学校教育は、社会教育の支援を得るか、社会教育の要請に基づいて、つまり社会教育を介して生涯学習を支えてきたと言える。

　一方、生涯学習の考え方は、「学社連携」「学社融合」という学校教育と社会教育の協力を促す。学習の場や活動などについてそれぞれの教育の要素を部分的に重ね合わせながら、一体となって子どもたちの教育に取り組んでいく方法であり、生涯学習を推進する力ともなっている。

3　生涯学習と社会教育

(1) 社会教育とは

　人々は、家庭教育や学校教育など限られた教育の場だけではなく、社会に出てからも必要や目的に応じて学んでいる。その学びの場は、職業訓練機関であったり、図書館・公民館などの施設やボランティアのグループ、機関や団体の主催する講座などであったりする。したがって社会教育とは、家庭教育や学校教育以外の、職業教育を含む社会における教育のことである。

(2) 社会教育の行政

　社会教育法は、社会教育が国民の自己教育であり相互教育であるという考え方で、国や地方公共団体がそのために条件整備を行うことを原則とすべきことを定め、社会教育が成人と学校外での青少年を対象とした組織的な教育活動であることを示している。このため社会教育行政は、社会教育活動を助長するうえで必要な「環境醸成」という役割を果たすべきであり、物的な条件整備のほかに、社会教育職員や社会教育委員という人的な条件整備も行わなければならないとされる。

(3) 社会教育の施設と事業

　社会教育施設とは、社会教育活動を行うことを目的として、国や地方公共団体によって設置された施設である。公民館、図書館、博物館その他の施設がある。物的・人的な条件を整え、地域の住民に学習活動の場を提供し、学習機会の提供や住民の主体的な学習活動を援助する事業を行う。また、社会教育事業とは、学習の多様なニーズに適切に対応するように、学習機会の提供や学習の奨励を行うことである。このため、社会教育施設での学級・講座等の開催、施設の貸し出し、学習相談、団体育成、学習情報提供、ネットワークづくりの支援などが行われる。

(4) 生涯学習を支援する社会教育

　社会教育は青少年から成人までを対象とするので、幅広い年齢層の自ら学習する意欲や能力の育成を通じて、生涯学習を支援している。社会教育は幅広い年齢層のあらゆる機会と場所における学習活動を包含してきたため、生涯学習とだいぶ重なり合い、社会教育と生涯学習がイコールであると誤解されることさえあった。それだけにまた、社会教育制度が生涯学習体系の重要な基盤を形成していると言える。

第3節　生涯学習の実践

1　生涯学習実践の多様性

　生涯学習実践とは、人々が生涯学習それ自体を目指し、あるいは生涯学習により何かを実現しようと、意識的に行為することと言えよう。このような実践は、幼児から高齢者までの学習主体が、家庭や学校、地域社会（職場を含む）において、個人学習、小集団学習、大規模な組織的学習として行っている。そして、個人学習を除くと、自治体が行う社会教育関連の事業や講座、さまざまな課題や領域ごとに取り組む団体・グ

ループの活動、ボランティアやNPO・NGOの活動、民間の教室やカルチャーセンター、高校・大学等の学校開放講座、職業教育・訓練機関の学習機会などとして実践されている。次には、これらの中で、自発的・主体的な学習活動がより重視されている生涯学習実践を紹介する。

2 青少年や成人の団体の活動

(1) 青少年団体

少年は小・中学生に当たり、子ども会やボーイスカウト、ガールスカウト、スポーツ少年団などの団体に加入し、目的に応じて活動しているが、近年は活動も衰退の傾向にある。しかし、体験活動や仲間・大人との人間関係を通して、成長・発達を図る生涯学習実践として位置づけられる。

青年は高校生から25歳くらいまでの若者であり、在学青年、勤労青年に分けられる。若者の自立困難が問題視されている状況の中で、青年団体へ加入し、社会参加活動を通じて、地域福祉や地域社会に活力をもたらすことに貢献している青年たちもいる。かつて、地域青年団の自主的な学習活動が活発で、青年の自己形成や生活・農業などの地域課題の解決も図られたが、そうした実践の再生は困難となりつつある。

(2) 成人団体

成人団体は、そのメンバーを男女に明確に分けることができず、また成人から高齢者までの幅広い世代から構成されていることが多い。それだけに、活動の内容や方法が多様である。しかし、中には一定の世代や性別による活動も見られる。例えばPTAの活動は、男女のメンバーが家庭や学校、地域を取り巻く教育環境づくりを目指し、また子育て中の父親のグループは、子育てに積極的に関わり実践をする。

成人団体が中心になり、地域住民自身による実践としての生涯学習活動の中で最も有力なものは、「地域づくり」や「まちづくり」などである。これらの活動は、生産や消費などの経済的な側面を重視しながらも、地

域の抱える生活・文化・福祉などの面における真の豊かさや人間的な成長・発達の実現などを考えている。そのために取り組む具体的な課題は、子育てや高齢者福祉、健康、環境、人権など多様で、その過程で行われる学習は「地域づくり学習」と言われることがある。このような学習の中で、健康学習は、地域ぐるみで健康を守り、住民の主体性を育む実践が評価されている。また、環境問題を解決するための学習や運動は、持続可能な社会づくりにつながる。

　成人団体の活動として特色のある女性の学習活動については、婦人会、若妻会などの従来の団体が、地域や生活に関する課題に取り組んできたという伝統がある。ところが、「女性問題」「男女共同参画社会づくり」「女性のキャリア形成」などの新たな学習課題が注目されると、それぞれの課題への取り組みにふさわしい女性の団体やグループがつくられ、活発に生涯学習活動を展開するようになる。

　また高齢者の活動は、公民館等における高齢者学級や高齢者大学などの場で、「老人クラブ」などの団体と連携・協力しながら、福祉や健康に関わる問題を学習することが中心であった。しかし、高齢者の生きがいを獲得するための学習が必要とされるようになると、地域づくりなどの社会参加に必要な学習を含めて、より主体的な学習へと展開する。

3　非営利的な組織の活動

(1) ボランティア

　ボランティアとは、自発的・主体的（自主的）に人や社会のために役立ちたいと意識的に活動に取り組み、自己実現を図ろうとすることを意味する。その分野は、環境保護、福祉、教育、子育て、まちづくり、文化・スポーツ、防犯・防災、国際協力・交流など多様である。

　個人として行う活動も可能であるが、組織的な活動がより大きな力を発揮でき、個人もその組織に参加することで大きな成果を得ることができる。このようにボランティア活動は、人と人が関わりながら社会に貢

献する社会参加活動であり、自己実現が図られていく。この意味では、ボランティア活動そのものが生涯学習と言える。

(2) NPO

NPOとは、「営利を目的としない組織」であり、ある使命や目的を実現するために自発的に集まって活動する非政府の組織である。そして、利益を上げてもよいが、それを分配することができない。

NPO活動は市民活動ともいわれ、その活動の分野は特定非営利活動促進法（NPO法）で限定されているが、ボランティアの領域とやや似ている。すなわち、保健・医療・福祉増進、社会教育推進、まちづくり推進、文化・芸術・スポーツ振興、環境保全、災害救助、地域安全、人権擁護・平和推進、国際協力、男女共同参画社会形成・促進、子ども健全育成である。活動の過程では学習が不可欠であり、今後ますます重要となる生涯学習実践と言える。

(3) NGO

NGOとは、民間の国際協力組織で、主として開発、経済、人権、人道、環境などの地球規模の問題に取り組む非政府組織である。国際的な非政府組織、日本の非政府組織を問わず、また活動の場が海外であろうと国内であろうと、わが国の人々がNGOのメンバーとして活動するのであれば、NPO活動と同様に生涯学習の実践と捉えることができよう。

(4) **自主的な学習集団の活動**

自主的な学習集団とは、自発的・主体的にグループやサークルを結成し、プログラムを作って学習活動を展開している集団をいう。その運営のための経費は自ら賄う。これらの集団は、社会教育施設や学校教育機関、民間教育機関の学級や講座から発展して、独立的に学習集団となったものと、そのような基盤を持たないで、初めから関心やニーズを共通にして形成されたものに分けられる。これらによる活動の中でも、ボランティアや地域づくりなどの社会参加活動は、より公共性の強いものと言える。

【引用・参考文献】

香川正弘・鈴木眞理・佐々木英和編『よくわかる生涯学習』ミネルヴァ書房、2008年

佐藤一子『現代社会教育学――生涯学習社会への道程』東洋館出版社、2006年

関口礼子・小池源吾・西岡正子・鈴木志元・堀薫夫『新しい時代の生涯学習〔第2版〕』有斐閣、2013年

(小林建一)

第15章 教育と現代の課題

第1節 教育の国際化

1 多文化共生時代の保育

　地球規模化した移民流動の中、日本の外国人増加は、1991年の「出入国管理及び難民認定法」改正によって促進したと考えられる。その改正では、日系人に限り、外国人が日本国内で単純労働に従事できるようになり、多くの日系南米人労働者が日本に家族連れで入国した。総務省によると、2014年末の在留外国人数は212万1831人であり、前年に比べ5万5386人増加している。2012年の住民基本台帳法の一部改正で、外国人住民も同法の適用対象となり、市町村は日本人と同様に転出入が把握しやすくなった。しかし、手続きをせずに転出する者などもおり、全て外国人の移動が把握されるわけではなく、外国人児童生徒が学校に行かない「不就学」が問題となっている［林、2014］。

　日本に住む外国人の多くは、オールドカマーとニューカマーに分けられる。オールドカマーは、朝鮮、台湾、中国など敗戦前の日本の勢力圏から、敗戦後数年までの間に日本に来て定住した人々である。日本国籍は持っていないが、歴史的経緯で多くは特別永住資格が与えられ、日本に在住している。それに対しニューカマーは、先に述べた近年の外国人受け入れ政策の変化を受けて来日した人々のことである。オールドカマーの子どもたちは日本語を獲得している場合が多いが、ニューカマーの子どもたちの多くは、日本語能力が不十分でコミュニケーションがと

りにくいことが多い。また、ここ数年約1200人前後で推移する帰化許可者も、日本の文化とは異なる背景の外国にルーツを持つ存在として注目すべきである。

　文部科学省が実施した2014年の調査によると、公立の小学校から高等学校に在籍する日本語指導が必要な外国人の子どもは2万9198人で、その数は年々増加している。また、保育所に通う外国籍の子どもの数は、2008年の時点で約2万6000人と推測されている［前田ほか、2009］。就学後の子どもたちに対しては、不十分ながら日本語学級の設置などの支援が徐々に整えられつつある。しかし、幼児期がその後の人格の基礎をつくる大切な時期であるにもかかわらず、就学前の外国人の子どもの教育はほとんど未整備の状況にある。

　「外国人との共生に関する基本法制研究会」は「多文化共生社会基本法の提言」(2003年)の中で、多文化共生社会を、国籍や民族などの異なる人々が互いの文化的違いを認め、対等な関係を築こうとしながら共に生きていく社会とし、さらに外国人および民族的少数者が、不当な社会的不利益を被ることなく、またそれぞれの文化的アイデンティティを否定されることなく、社会に参加することを通じて実現される、豊かで活力のある社会としている。日常の保育の中では、文化や習慣の差異からトラブルが生じる、宗教的禁忌のために日本人の常食が食べられないなど、外国人の子どもに対する配慮が必要なことも多い。保育者の中には、外国人の子どもが日本語を話せるようになることや日本風の文化になじむことを目指そうとする例もあるが、それは外国人の子どもを日本に同化させてしまう危惧も含んでいる。文化の主流となっている人たちと異なる文化を持つマイノリティがよりよい関係を結びつつ、継承すべき文化やアイデンティティを保持できる環境をつくり出すことが必要である。

2 国際化する保育現場

　群馬県内の保育士養成学校等で行った筆者らの調査で、その対象と

なった学生の多くは、自分が将来、外国籍の子どもの保育を行うことがあるだろうと予測していた。また、その子どもたちと関わることについて、次のような不安を抱いていた。①日本語がほとんど分からない子に対して、どのようなコミュニケーションをとればよいのか、②宗教や人権の面で子どもが差別的に扱われ、傷ついたときには、どう対処したらよいのか、というものである。同様の不安は、現職の保育者も、レベルの差はあれ、かなり頻繁に直面している課題である。

　日系人の子どもたちは、定住傾向が進んでいるものの、自分たちが帰国するのか定住するのか、はっきりと分からない状態に置かれていることが多く、東日本大震災やリーマンショック後は、多くの子どもが家族とともに帰国した。日本を出国した後には、その国で使用する言語能力が必要であり、日本に定住するためには日本語の能力が必要になる。子どもたち自身が明確な意識を持って多言語を身につけることは、条件がそろわなければ非常に困難なことであり、周囲の大人の配慮が必要となる。

　保育に関わる人たちの間で「保育者はバイリンガル教育を研究し、子どもたちの第二、第三言語習得に関する支援への理解と努力をすべきだ」と考える人たちは多い。保護者が子どもの日本語獲得を望むことも多く、家庭の具体的な要望や子どもの将来の希望を知ることも重要である。母語保持の観点や、各言語の使用を人や場面で分けることによって、それぞれの言語習得が促進されることからも、保護者に対して「必ず家庭では母語を話すこと」を助言しなければならない［中島、1998］。しかし、現状で子どもの言語能力を高める方法を知っている保育者は少ない。外国人の子どもの多い現場においては、言語習得について、母語保障、文化保障ということを踏まえ、保育者は「子どもの言語発達の支援者であること」を意識しなければならない。

3 外国人の子どもの保育の実際

ここでは、実際に外国にルーツを持つ子どもが多く在園している保育所の事例を紹介する。

(1) オールドカマーの保育から始まった保育園

戦時中から在日韓国朝鮮人が多く在住する地域にあるA保育園は、民族による差別のない保育を目指し「民族保育」を行ってきた。現在はさまざまな国の子どもが在籍しており、一つの民族にこだわらない「多文化共生保育」を行っている。多様な文化に触れる体験として、同じキュウリを使って、ぬか漬け、ピクルス、キムチなど各国の料理を作り、みんなで味わうなど、他国の文化を自然に理解し受け入れられるような保育をしている。

(2) 多数の国の子どもがいる保育園

外国人が多く住む県営団地の近くにあるB保育園は、園児の8割が外国にルーツを持ち、そのルーツは8カ国にわたる。日本人がマジョリティではない環境で、子どもたちは「ナニジン」という感覚はなく、「先生は日本語、〇ちゃんは〇〇語」という状況を自然なこととして捉えている。園ではそれぞれの母国語や文化は大切にしたいと考え、朝の挨拶は各国の言葉で行っている。日本人の子どもが多いわけではないので、日本語を獲得する機会が少ない状況にあり、各文化を尊重しながら日本語も伝えていくようにしている。

(3) 日系南米人が多い保育園

C保育園は、日系ブラジル人が多く在住する地域にあり、園児の約3分の1が外国人である。保育士は日本語で子どもたちに対応するが、スマートフォンの翻訳アプリを使い、片言のポルトガル語を使う場合もある。保護者に渡す入園のしおりや重要な手紙などは、翻訳したものや写真を入れて分かりやすくしたものを配布している。食べ物や時間に対する感覚が異なることもあるが、お互いに歩み寄ることで乗り越えてき

いる。

　徐々に日本語を覚え、通訳ができるほどになる子どももいるが、成長するにつれポルトガル語が話せなくなる子どももおり、両親とのコミュニケーションが難しくなってしまう例もある。

第2節　障害のある子どもの教育

1　統合教育からインクルーシブ教育へ

　現在、多くの幼稚園や保育所で、障害のある子どもと障害のない子どもをいっしょに教育する統合教育が行われている。統合教育では、障害のある子どもが多くの子どもたちと関わることにより、生活経験の幅が広がり、社会参加の基盤を培うことが期待される。また、障害のない子どもも、障害に対して偏見を持たずに自然と対応方法を身につけ、多様な価値観を受け入れる土台を育むことができるだろう。

　学校教育法の一部改正により、文部科学省は2007年4月から、障害のある子どもへの教育を表す言葉を「特殊教育」から「特別支援教育」に改めた。障害のある幼児児童生徒の自立や社会参加に向けた主体的な取り組みを支援するという視点に立ち、幼児児童生徒一人ひとりの教育的ニーズを把握し、その持てる力を高め、生活や学習上の困難を改善または克服するため、適切な指導および必要な支援を行うものとしている。

　また、2005年に「発達障害者支援法」が施行され、自閉スペクトラム症、ADHD（注意欠如・多動症）、LD（限局性学習症）などの発達障害も支援の対象となった。

　保育の場では障害が多様化し、比較的明確な障害に加え、発達障害や障害がはっきりしないグレーゾーン、「気になる子ども」などと言われている子どもへの対応が必要なことが多くある。現在は、障害をカテゴ

図表1　インクルーシブ教育の理念

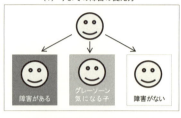
(1) 今までの障害の捉え方

(2) 障害を連続体として捉える考え方

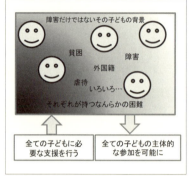
(3) より広いインクルージョン教育の考え方

(筆者作成)

リー分けする考え方ではなく、連続体（スペクトラム）として捉える考え方が主流になりつつある。さらに、対象を広げ、障害児だけではなく貧困の子どもや外国にルーツを持つ子どもなども含めて、全ての子どもが必要な支援を受けることのできるインクルーシブ教育の理念も広がりつつある（**図表1**）。

　保育者は、子どもの障害についての知識を学ぶ必要があるが、障害だけに注目すると、その子どもの本当の姿を見失うことにもなる。障害のあるなしにかかわらず、子ども一人ひとりの発達特性や興味・関心、家庭の状況などに注目し、個々の状態を見極め、どのような支援が必要であるかを考える必要がある。保育者は、どの子どもも安心して教育や生活の場に主体的に参加できるよう配慮しなければならない。

2　他機関との連携

　2009年に施行された幼稚園教育要領および保育所保育指針では、特に他機関との連携の必要性が挙げられている。2009年施行の幼稚園教育要領第3章2(2)では「障害のある幼児の指導に当たっては、家庭及び専門

機関との連携を図りながら、集団の中で生活することを通して全体的な発達を促すとともに、障害の種類、程度に応じて適切に配慮すること」、また、保育所保育指針第4章1(3)「ウ　障害のある子どもの保育」では「地域の障害のある子どもを受け入れる教育機関等との連携を図り、教育相談や助言を得たり」「障害児通園施設などへの通所について考慮し、両者の適切な連携を図る」ことが挙げられている。さらに、幼児期から学校卒業後まで一貫した支援を行うための個別の支援計画の作成についても求められている。他機関と連携をすることにより、その子どもに的確な支援の方法を得ることが可能となり、多くの人が、その子どもと家族に関わることで、彼らが地域社会で生きていく基盤を作り出すこととなる。

第3節　教育・保育における現代の課題

1　幼児教育現場の史的経緯と課題

　戦後の教育体制を築く基となった1946年の教育刷新委員会で、幼稚園と保育所の二元的体制に関わる問題が取り上げられたが、文部省（当時）は学校教育法の全体の制定に追われ、厚生省（当時）は戦災孤児等の対応に追われていたという事情から、今日までその体制は続くことになる。両者は、1951年まで共通の研修団体（全国保育連合会）を組織していたが、その後、幼保一元化の問題が日本保育学会で繰り返し提起され、議論・調査されたものの、実現化には至らなかった［岡田ほか、1980］。
　2002年前後の構造改革の一端として、一元化問題は再提起された。その後、2004年12月、中央教育審議会幼児教育部会と社会保障審議会児童部会の合同の検討会議において「就学前の教育・保育を一体として捉えた一貫した総合施設について」の骨子が固まり、2006年「就学前の子ど

もに関する教育、保育等の総合的な提供の推進に関する法律」が公布される。2012年8月「就学前の子どもに関する教育、保育等の総合的な提供の推進に関する法律の一部改正（認定こども園法の改正）」の成立後も、設置主体を国、地方公共団体、学校法人、社会福祉法人として認定こども園は続々と設置される。

2015年4月「子ども・子育て支援新制度」が導入され、「認定こども園」の数は全国で2836件となり、前年度の1360件から1476件増加している。0～5歳の子どもの教育と保育を一体的に行い、親の就労にかかわらず、子どもが育つ環境が継続されるという特色を持つ認定こども園の設置により、さまざまな問題の解決が期待されたが、保育所に発生している育休退園問題、待機児童問題の改善や専門職としての保育士の待遇改善、人員確保の難しさなどは、今もなお継続している課題と言えよう。

2　子どもの学力基盤とその課題

OECD（経済協力開発機構）は、幼児教育から成人教育までの広い範囲で将来を見据えた教育政策のあり方を提言している。1988年より開始されたPISA調査はOECDの事業で、日本を含めた多くの国が参加し、国際的な学力評価として現在も注目されている。

「学力」は学校教育で得られた能力と考えるのが一般的だが、その意味で考えれば、幼児教育での「学力」とは、幼稚園、保育所、認定こども園で得られた能力ということである。したがって、幼児教育で遊びを通して形成していく言語、音感、作画、運動等の能力は、学力と捉えることもできる。また、小学校以後につながる「自ら考える意欲」「未来への基盤となる力」「課題探求能力」も含まれると言えよう。

今後、幼小連携などの改革、小中一貫教育を実施する「義務教育学校」、小中高一貫などの長期的試みが行われる過程で、小学校教育の内容が保育に含まれる可能性がある。2015年3月には「2030年に向けた教育のあり方」について日本・OECD政策対話がなされている。必要とさ

れる資質能力は、①協働型問題解決能力、②世界で生きるためのグローバル・コンピテンス（グローバルコミュニケーション力、多様性の尊重、シチズンシップなど）、③必要な能力を育むために主体的に深く学ぶ「アクティブ・ラーニング」が挙げられている。どの子どもも小学校段階で戸惑うことのない補償教育の充実と、幼児教育段階から「読解力」「数学的リテラシー」「科学的リテラシー」の分野を見据えたNIE（Newspaper in Education）の初歩的な実践などが求められる。「学力」の問題を新たに問うとき、今後は個々人の異なる持ち味（character）が新たな指標の一つにもなる。

【引用・参考文献】

岡田正章ほか編著『戦後保育史第1巻』フレーベル館、1980年

中島和子『バイリンガル教育の方法』アルク、1998年

林恵「群馬県大泉町における外国人児童の小学校就学の方法と就学義務化に向けた課題」『外国籍児童生徒の就学義務をめぐって』Ⅰ、東京未来大学所澤研究室、2014年

前田正子ほか「保育の国際化に関する調査研究報告書〈平成20年度〉」社会福祉法人日本保育協会、2009年

（林　恵〔第1・2節〕・佐藤久恵〔第1・3節〕）

【監修者紹介】

谷田貝公昭（やたがい・まさあき）
　目白大学名誉教授
[主な著書]『絵でわかるこどものせいかつずかん［全4巻］』（監修、合同出版、2012年）、『しつけ事典』（監修、一藝社、2013年）、『実践・保育内容シリーズ［全6巻］』（監修、一藝社、2014〜2015年）ほか多数

石橋哲成　（いしばし・てつなり）
　玉川大学名誉教授、田園調布学園大学大学院教授
[主な著書]『ペスタロッチー・フレーベル事典』（共編著、玉川大学出版部、2006年）、『ペスタロッチー・フレーベルと日本の近代教育』（共著、玉川大学出版部、2009年）、『新版・保育用語辞典』（共編著、一藝社、2016年）ほか多数

【編著者紹介】

石橋哲成　（いしばし・てつなり）
　〈上掲〉

【執筆者紹介】(五十音順)

石橋哲成(いしばし・てつなり)　　［第1章］
　〈監修者紹介参照〉

赤堀方哉(あかほり・まさや)　　［第13章］
　梅光学院大学子ども学部教授

工藤真由美(くどう・まゆみ)　　［第10章］
　四條畷学園短期大学教授

小林建一(こばやし・けんいち)　　［第14章］
　秋田大学非常勤講師

榊原志保(さかきばら・しほ)　　［第2章］
　大阪成蹊短期大学教授

佐々木由美子(ささき・ゆみこ)　　［第3章］
　足利短期大学准教授

佐藤久恵(さとう・ひさえ)［第15章第1・3節］
　東京未来大学こども心理学部非常勤講師

中島朋紀(なかしま・とものり)　　［第7章］
　鎌倉女子大学短期大学部准教授

林　直美(はやし・なおみ)　　［第8章］
　東京保育専門学校教員

林　恵(はやし・めぐみ)［第15章第1・2節］
　帝京短期大学准教授

春原淑雄（はるはら・よしお）　　　［第5章］
　　西九州大学短期大学部講師

寶來敬章（ほうらい・たかあき）　　［第9章］
　　高田短期大学講師

松元健治（まつもと・けんじ）　　　［第12章］
　　広島文化学園短期大学教授

宮本浩紀（みやもと・ひろき）　　　［第4章］
　　信州豊南短期大学専任講師

吉田直哉（よしだ・なおや）　　　　［第6章］
　　神戸松蔭女子学院大学人間科学部専任講師

李　　霞（り・か）　　　　　　　　［第11章］
　　滋賀短期大学講師

コンパクト版保育者養成シリーズ

新版 教育原理

2018年3月30日　初版第1刷発行

監修者　谷田貝 公昭・石橋 哲成
編著者　石橋 哲成
発行者　菊池 公男

発行所　株式会社 一藝社
〒160-0014 東京都新宿区内藤町 1-6
Tel. 03-5312-8890　Fax. 03-5312-8895
E-mail : info@ichigeisha.co.jp
HP : http://www.ichigeisha.co.jp
振替　東京 00180-5-350802
印刷・製本　シナノ書籍印刷株式会社

©Masaaki Yatagai, Tetsunari Ishibashi 2018 Printed in Japan
ISBN 978-4-86359-146-2 C3037
乱丁・落丁本はお取り替えいたします